AI와 불공정 행위

인공지능총서

인공지능 시대입니다. 기계가 인간의 인지를 대신하고, 사물이 인간을 통하지 않고 다른 사물과 직접 커뮤니케이션합니다. 이에 따른 인간 삶과 문명 변화를 정확히 이해 · 예측 · 대응하는 것은 이 시대 우리 모두의 과제입니다. 인공지능총서는 인공지능 기술과 환경의 여러 주제를 10가지 키워드로 정리합니다. 관련 개념과 이론, 학계와 산업계의 쟁점, 우리 일상의 변화를 다룹니다. 인간과 기술의 현재, 미래를 세심히 분석합니다.

일러두기

- 인명, 작품명, 저서명, 개념어 등은 한글과 함께 괄호 안에 해당 국가의 원어를 병기했습니다.
- 외래어 표기는 현행 어문규정의 외래어표기법을 따랐습니다. 다만 ‘딥러닝’, ‘딥마인드’, ‘딥페이크’ 등은 관행을 따랐습니다.
- 법령 명이나 법조문의 띄어쓰기는 해당 법령과 조문을 따랐습니다.

AI와 불공정 행위

박선종

대한민국, 서울, 커뮤니케이션북스, 2024

AI와 불공정 행위

지은이 박선종
펴낸이 박영률

초판 1쇄 펴낸날 2024년 11월 28일

커뮤니케이션북스(주)
출판 등록 2007년 8월 17일 제313-2007-000166호
02880 서울시 성북구 성북로 5-11
전화(02) 7474 001, 팩스(02) 736 5047
commbooks@commbooks.com
www.commbooks.com

ISBN 979-11-7307-206-2 03500

책값은 뒤표지에 표시되어 있습니다.

차례

AI와 불공정 행위

AI 알고리즘이 금융시장에서 활발하게 사용되면서, AI 알고리즘에 의한 각종 금융 투자 상품의 매매에 대한 규제의 필요성이 커지고 있다. 개인 투자자들은 이미 외국인이나 국내 금융기관의 전문 투자자들과 힘겨운 대결을 해 왔는데, AI 알고리즘의 도입으로 경쟁 상대는 인간이 아닌 컴퓨터로까지 확대되고 있다. 이러한 시장의 변화를 잘 파악하고 대비하지 않으면, 개인 투자자들이 설 자리는 더욱 좁아질 수밖에 없다.

이 책은 AI 알고리즘이 활개 치는 금융 투자 시장에서 개인 투자자들이 어떻게 살아남을 수 있는지 생존법을 안내한다. AI가 경쟁자로 등장한 주식 시장과 파생 상품 시장에서 개미 투자자가 수익을 올리려면, AI의 특성을 잘 파악하고, AI를 내 편으로 만드는 방법을 익히는 것이 필요하다. 이 책에서는 AI가 불공정성을 유발하는 원인을 파악하고, 개미 투자자가 불공정한 AI 알고리즘에 걸려들지 않는 방법에 더하여, AI를 내 친구로 만들어서 투자에 도움을 받는 방법에 대하여 설명한다.

문제 상황의 파악

우리가 AI 불공정 행위에서 살아남기 위해서는, 우선 문제 상황에 대한 정확한 파악이 필요하다. 주식 시장의 불공정 행위의 방법 면에서, AI와 인간은 큰 차이점이 있는데 그 첫째는 바로 '속도'다. '새치기'는 대표적인 불공정 행위다. 주식 시장의 새치기란 예를 들면, 급락하는 시장 상황에서 나중에 매도 주문을 입력한 사람의 주식이 먼저 팔리는 경우를 들 수 있다. 즉, 증권사 창구에서 매도 주문 의사를 밝힌 '갑' 노인의 주식보다, 1초 후에 매도 의사를 밝힌 '을' 노인의 주문을 먼저 체결시키면 명백한 새치기로 불법행위다. 그러나 10초 늦게 핸드폰(MTS, Mobile Trading System)으로 매도 주문을 입력한 '병' 청년의 주식이, 먼저 매도되는 경우는 새치기로도 불공정 행위로도 인정되지 않는다. 이는 전자 매매와 대면 매매의 차이이기 때문이다. AI 매매는 '전자 매매'다. AI 전자 매매의 자동화된 주문 집행 속도는 '빛의 속도'에 가까우므로, 인간은 경쟁 상대가 될 수 없다.

둘째는 '거짓 정보'다. AI는 학습된 범위 안에서만 답변할 수 있는데, '무식해서 용감한 경우'가 있다. 실제의 사례를 소개하면 챗지피티(ChatGPT) 출시 초기의 일이다. 국내 유명 대학교의 김 아무개 교수에 대하여 알려

달라고 요청했다. 답변은 김 아무개 교수가 그 대학에 근무하지 않는다는 것이었다. 그런데 실제로는 김 아무개 교수는 그 대학에 20년 넘게 근무 중이었다. 말도 안 되는 거짓 정보를 천연덕스럽게 제공한 것이다. AI는 양심(良心)이 없다. 그래서 거짓말을 할 때도 감정이나 표정의 변화가 없다. 따라서 AI의 거짓 정보를 인간이 알아채기는 매우 어렵다. 주식이나 파생 상품 시장에서도 AI는 거짓 정보를 제공할 수가 있다. 대표적인 것이 '시세 조종'이다. 즉, AI가 단시간 내에 막대한 물량을 매수하는 종목을 추격 매수했는데, AI는 순식간에 전량을 매도하고 가격 폭락으로 개인 투자자들이 손해를 보는 경우다. 이 경우, AI의 주문 집행 속도는 인간이 도저히 따라갈 수 없이 빠르므로, 개인 투자자는 속수무책이 된다.

AI의 불공정성 유발 원인

AI가 거짓 정보 등 불공정성을 유발하는 원인은 세 가지로 대별된다.

첫째, 알고리즘 설계의 착오 또는 악의다. 즉, AI의 주문 집행 알고리즘이 개발자의 착오 또는 고의로 시세조종 등 불공정 행위를 유발하게 설계되는 경우다. 물론, 착오인 경우에는 AI 알고리즘 운용자가 손해를 입으므로, 일반적으로 개인 투자자에게 피해는 없다. 대표적인 국내 사례가 2013년 '한맥투자증권' 파산 사태다. 반대로 고의인 경우는 동일 시장에 참여하고 있는 개인 투자자들의 피해가 야기될 수 있다. 최근 국내에서 이러한 이유로 금융위원회의 제재를 받은 경우는 2023년 1월 '시타델증권'의 118억8천만 원 과징금 부과 사건이 대표적이다.

둘째, 학습하는 데이터의 편향성이다. 즉, AI는 데이터를 학습함으로써 주문 집행 등 출력 기능을 변화시키는 성질이 있는데, 편향된 데이터의 학습은 불공정한 출력을 야기한다. 김 아무개 교수의 경우도 편향된 데이터에 따른 거짓 정보다.

셋째, 인간에 의한 책임 전가다. 예컨대, 실제로는 개발자가 불공정한 행위를 하도록 AI를 유도했음에도, AI가 그러한 판단을 했다고 주장하거나 또는 개발자의 판단 근거가 AI에 의한 데이터 분석에 기초하고 있다고 주장하여, 인간의 책임을 회피하거나 판단의 객관성·과학성을 표방하는 상황이다. 이는 AI가 인간의 대리인으로 사용되어 인간의 책임을 회피할 수 있도록 한다.

이 책 구성의 개요

이 책은 전체 열 개의 장으로 구성된다.

제1장은 AI와 주식 시장이다. 여기에서는 개인 투자자들은 머지않은 장래에 주식 시장의 주도권이 AI에게 완전히 넘어갈 가능성이 있다는 점을 항상 유념할 필요가 있다는 점을 설명한다. 한편, 주식 시장에서 AI와 빅데이터를 어떻게 활용하고 있는지 다양한 사례를 소개한다.

2016년 3월 '알파고'는 인간과의 바둑 대결에서 이세돌에게 5전 4승을 거두었다. AI의 능력이 인간보다 뛰어나다는 것을 증명한 것이다. 알파고는, 온라인 바둑 사이트의 최고수 기보 16만 개를 5주 만에 학습했다고 한다. 그런데 그 알파고가 2017년 12월 '알파고 제로'에게 100 대 0으로 무참히 무너졌다. 더욱 놀라운 것은 알파고 제로는 알파고와는 달리, 인간 게임 데이터를 사용하지 않고, 스스로 학습하여 생성되었다는 점이다. 알파고 제로는 불과 3일 만에 인간 전문가 데이터 없이 AI를 교육하는 초인적인 기술을 보여 주었다.

체스도 바둑도, 인간이 AI에게 왕좌를 내준 지 이미 여러 해가 지났다. 주식 투자도 마찬가지일까? 주식 시장은 불확실성이 높고 예상치 못한 영향 요인이 다양하게 작용한다. 따라서 완벽한 예측은 사실상 불가능하다. 특히, 현재는 로보어드바이저 서비스를 통한 AI의 주식 시장 침투가 날로 증가하고 있다. 그러므로 개인 투자자들은 머지않은 장래에 주식 시장의 주도권이 AI에게 완전히 넘어갈 가능성이 있다는 점을 항상 유념해야 함을 상세히 설명한다.

제2장에서는 AI 알고리즘 매매와 DMA(Direct Market Access)를 살펴본다. AI 알고리즘은 데이터를 분석하고 패턴을 인식하여 특정 작업을 자동화하는 프로그램을 말한다. AI 알고리즘은 다음의 네 개 유형으로 대별된다. 첫째, '머신러닝(Machine Learning)'이다. 둘째, '딥러닝(Deep Learning)'이다. 셋째, '자연어 처리(NLP, Natural Language Processing)'다. 넷째, '강화학습'이다. AI 알고리즘은 금융 투자 분야에서 다양한 방식으로 활용된다. AI 알고리즘을 통해 의사 결정의 지원을 받으면, 투자의 효율성이 높아진다. 제2장에서는 소주제로 첫째, AI 기반 투자 분석 서비스, 둘째, 알고리즘 트레이딩과 고빈도 매매, 셋째, AI 주도의 금융 투자 시장 분석 및 관련 서비스, 넷째, DMA의 개념에 관하여 독자의 이해를 돕는다.

제3장에서는 HFT(High Frequency Trading, 고빈도 매매)에서 발생하는 불공정 행위에 관하여 설명한다.

HFT는 컴퓨터 알고리즘을 사용하여 매우 짧은 시간 간격으로 대량의 거래를 수행하는 방법이다. HFT의 주요 특징은 다음과 같다. 첫째, '속도'다. HFT는 극단적 초고속 거래인데, 밀리초(milli-second, 1/1000초), 마이크로초(micro-second, 1/100만 초) 또는 심지어 나노초(nano-second, 1/10억 초) 단위로 주식, 선물, 옵션 등 금융 상품을 매매한다. 둘째, '효율성'이다. HFT는 알고리즘이 거래를 자동으로 실행하므로, 주식 등 금융 투자 상품의 매매에서 인간의 개입이 불필요하므로, 오류의 위험을 줄이고 거래가 빠르고 정확하게 이루어지도록 효율성을 높인다. 셋째, '시장의 유동성 증가'다. HFT는 대량의 거래를 통해 시장 유동성을 높인다. 넷째, '거래 비용 감소'다. HFT는 시장 스프레드를 좁힘으로써, 개미 투자자를 포함한 시장 전반의 거래 비용이 감소한다.

여기에서는 소주제로 HFT의 개념 및 특징, HFT의 불공정거래, 국내 알고리즘 트레이딩 및 DMA 불공정 거래 사례를 소주제로 살펴본다.

제4장은 시세 조종과 AI의 역할에 대해 설명한다. 시세 조종 행위란 주식 등의 가격을 인위적으로 변동시켜 금융 투자 상품 시장의 가격 결정과 수급 질서를 방해하는 일체의 행위다. 이는 상장된 주식이나 파생 상품의 가

격을 부당하게 변동시켜 이득을 취하거나, 타인에게 그 변동된 시세를 공정한 시세로 오인하게 하는 사기 행위다. 시세 조종은 많은 투자자에게 큰 손해를 끼칠 수 있는 불법 행위로서, 자본시장법에서 금지하고 있다. 이 장에서는 소주제로, 시세 조종의 의미, 시세 조종의 유형, 시세 조종의 처벌에 관하여 살핀 후 SM엔터테인먼트 시세 조종 사례를 소개하는 한편, 시세 조종 적출과 AI의 역할 및 한국거래소 AI 기반 시장감시시스템(CAMS)을 살핀다.

제5장은 AI와 내부자 거래다. 내부자 거래란 회사의 주요 주주, 임직원, 기타 회사와 일정한 관계에 있는 자가 회사의 업무 등과 관련하여 공개하지 아니한 중요 정보(미공개 중요 정보)를 이용하여, 주식 등을 사고파는 데 이용하여 이익을 얻거나 손해를 회피한 경우를 말한다. 내부자 거래에서 미공개 중요 정보란, 투자 판단에 중대한 영향을 미칠 수 있는 정보로서 일반인에게 공개되지 않은 정보로 범위가 대단히 광범위하다.

이 장에서는 내부자 거래의 의미와 내부자의 범위, 미공개 중요 정보의 개념을 설명한 후, 내부자 거래 사례를 통해 내부자 거래에 대한 구체적 이해를 도모한다. 이후 AI의 미공개 정보 탐지 또는 학습의 결과가 해당 종목에 대한 기계적이고 자동적인 투자로 귀결되는 경우는 내부자 거래가 문제된다는 점을 지적하고 해결 방안을 제시한다.

제6장은 로보어드바이저(Robo-Adviser)와 AI다. 로보어드바이저는 최근 많은 관심을 받고 있는 투자 방식 중 하나로, AI 기술을 활용하여 개인의 투자 포트폴리오를 자동으로 관리해 주는 서비스다. 이를 통해 효율적이고 개인화된 투자를 할 수 있다. 여기에서는 개인 투자자들이 로보어드바이저를 어떻게 활용할 수 있는지에 대하여 소개한다.

소주제 중 첫째는 '국내 로보어드바이저의 종류'다. 여기에서는 은행, 증권사 및 투자 자문 · 일임업자의 로보어드바이저를 구체적으로 소개하고, 각 사 로보어드바이저의 객관적 운용성과 심사 제도를 통하여 독자들이 객관적으로 우수성이 검증된 로보어드바이저를 선택하는 데 도움이 되는 정보를 제공한다. 소주제 중 둘째는 개인 투자자의 로보어드바이저 이용 시 장단점이고, 셋째는 개인 투자자의 로보어드바이저 활용 방법을 설명하여, 개인 투자자가 실제 투자에서 손쉽게 활용할 수 있도록 한다.

제7장은 AI와 대체 투자다. 제7장에서는 AI가 대체 투

자 시장(Alternative Investment Market)에서 어떻게 활용되는지를 소개한다. 대체 투자는 전통적인 주식이나 채권과는 다른 자산 클래스를 포함하는 투자를 말한다. 이러한 자산 클래스에는 부동산, 기타 실물 자산, 헤지펀드, 프라이빗 에퀴티(PE, Private Equity), 커머디티(Commodity), 리츠(부동산 투자 신탁) 등이 포함된다.

이 장의 소주제는 부동산 투자와 AI, 커머디티(Commodity) 투자와 AI, 헤지펀드 투자와 AI로 구성하였다. 헤지펀드는 거액 자산가들의 전유물이었다. 수익률이 아무리 높아도, 헤지펀드는 개미 투자자가 진입할 수 없는 영역이었다. 그 이유는 헤지펀드는 일반적으로 높은 최소 투자 금액을 요구하는데, 이 금액은 펀드에 따라 다르지만, 보통 수십만 달러에서 수백만 달러에 달하기 때문이다. 그러나 헤지펀드가 투자에서 AI를 활용하기 시작하면서, 진입 장벽이 무너지기 시작했다. 현재, 헤지펀드에서 AI를 활용하는 사례는 다양하다. 즉, AI와 머신러닝 기술은 데이터 분석, 예측 모델링, 자동화된 거래 전략 등 여러 분야에서 유용하게 사용되고 있다.

제8장은 AI 불공정 행위와 대처 방법이다. AI의 불공정 행위는 중요한 주제다. AI 알고리즘은 편향성을 가지거나 공정하지 않은 결과를 도출할 수 있으며, 이로 인해

개인 투자자에게 손해를 줄 수 있다. 특히, 내 친구가 아닌 AI의 불공정 행위는 내게 손해를 끼친다.

이 장의 소주제는 알고리즘 편향성(Bias in Algorithms)과 대처 방법, AI의 허위 정보 생성과 대처 방법으로 구분된다.

알고리즘 편향성은 알고리즘이 특정 집단이나 관점을 불공평하게 다루거나 왜곡된 결정을 내리는 현상을 말한다. 이는 알고리즘이 훈련 데이터에 내재된 편향을 반영했을 때나, 알고리즘의 설계나 실행 과정에서 발생할 수 있다. 알고리즘 편향성은 다양한 분야에서 문제를 일으킬 수 있으며, 사회적, 윤리적, 법적 영향을 미칠 수 있다. 알고리즘 편향성을 관리하고 해결하는 것은 기술적, 사회적, 윤리적 도전 과제를 동반한다. 이를 해결하기 위해 다양한 이해 관계자들이 협력하여 공정하고 투명한 알고리즘 시스템을 구축하는 것이 중요하다.

AI는 다양한 기술을 활용하여 콘텐츠를 생성할 수 있으며, 이러한 기술은 때로 허위 정보나 왜곡된 정보 생성에 사용될 수 있다. 대표적인 예로는 GAN(생성적 적대 신경망), NLP(자연어 처리) 모델, 딥페이크 기술 등이 있다. AI의 허위 정보 생성 문제는 기술적, 사회적, 윤리적 측면에서 복합적인 문제를 동반한다. 이를 해결하기 위해서는 기술적 조치와 함께 교육, 법적 규제, 윤리적 고려가 통합적으로 적용되어야 한다.

제9장은 AI의 법적 지위에 관한 기존의 논의 및 각국의 AI 관련 입법 동향에 관하여 살핀다. AI의 법적 지위에 관한 논의는 기술의 발전과 함께 활발히 이루어져 왔다. 이 논의는 주로 AI의 권리, 책임, 법적 주체성에 대한 질문을 다루며, 다양한 법적, 윤리적, 철학적 관점에서 접근이 이루어진다. 현재 여러 나라와 국제기구에서 AI의 법적 지위와 관련된 논의를 바탕으로 법적 및 제도적 대응을 마련하려는 시도가 이루어지고 있다. 예를 들어, 유럽연합(EU)은 AI 법률 프레임워크를 통해 AI의 투명성, 안전성, 책임성 등을 규제하려고 노력하고 있다. 미국에서는 AI와 관련하여 다양한 법령과 규정이 존재하며, 최근에는 AI 연구 개발과 훈련 지원을 중심으로 한 명문 규정을 마련하고 있다.

AI의 법적 지위에 대한 논의는 아직 명확한 결론에 이르지 않았으며, 기술 발전과 함께 지속적으로 진화하고 있다. 여기에는 법적 주체성, 책임, 권리, 윤리적 문제 등이 복합적으로 얽혀 있어, 다양한 관점에서의 깊이 있는 논의가 필요하다. 앞으로 AI가 점점 더 중요한 역할을 하게 될수록 이 논의는 더욱 심화할 것으로 예상된다.

제10장은 AI와 친구 하기다. AI와 로보어드바이저를 활용해 금융 투자와 대체 투자 상품에 투자하는 것은 매우 전략적이고 효율적인 방법이다. 특히 개인 투자자로서 AI의 도움을 받으면 보다 정교한 투자 결정을 내릴 수 있다. 즉, AI를 개인 투자자의 친구로 만들면 투자에 큰 도움을 받을 수 있다. 여기서는 아홉 단계로 구분하여 그 방법을 소개한다. 본문의 아홉 단계의 과정을 순차적으로 실천하면 AI와 로보어드바이저의 도움을 받아 보다 체계적이고 효율적으로 금융 투자와 대체 투자에 접근할 수 있다. 다만, 투자자가 사전에 충분한 정보를 수집하고, 자신의 투자 성향과 목표에 맞는 전략을 수립하는 것은 무엇보다 중요하다.

독자들에게 드리는 메시지

AI가 경쟁자로 등장한 주식 등 금융 투자 시장에서, 선량한 개인 투자자인 독자들이 이 책의 학습을 통하여, AI에 맞서기보다는 AI를 내 친구로 만들어 도움받기를 희망한다.

신(神)들의 전쟁에 인간이 끼어들 필요는 없다

AI가 여러 분야에서 인간의 능력을 능가하는 것이 증명된 현재 상황에서, 특히 증권 등 금융 투자 시장에서 AI를 악용하여 불공정 행위를 시도하는 경우, 예방이나 적발은 쉽지 않다. 그러므로 주식 투자에 입문하는 사람들 사이에 AI가 투자 종목을 추천해 주는 '로보어드바이저' 이용이 크게 느는 현상은 바람직한 것으로 보인다. 왜냐하면, 인간이 맞상대하기 버거운 능력을 가진 AI를 내 친구로 만들어 활용하면, 다른 AI의 불공정 행위에 대해서도 신속·적절한 대응을 할 수 있는 구조를 확보하는 것이기 때문이다. 비유하자면, 신(神)들의 전쟁에 인간이 끼어들 필요는 없다는 뜻이다.

이제 로보어드바이저 서비스는 소액 투자자도 쉽게 이용할 수 있다

기술의 눈부신 발전에 힘입어, 투자 자문 및 일임 투자에 대한 접근성이 획기적으로 개선되었다. 그 중심에 로보어드바이저가 있다. 이제 로보어드바이저 서비스는 소액 투자자도 쉽게 이용할 수 있다. 그 이유는 로보어드바이저는 인건비가 적게 들기 때문에 저렴한 비용으로 자산 관리 서비스를 제공받을 수 있기 때문이다.

투자 목표에 대한 매우 구체적인 정보 제공이 특히 중요하다

다만, 로보어드바이저 서비스에도 부족한 점은 있다. 대표적인 것이 '개별 상담의 부족'이다. 로보어드바이저 서비스는 투자자의 '투자 목표'를 입력하면 그 정보를 토대로 투자 대상, 목표 수익률, 손실 한도 등을 기계적으로 결정하고 투자 활동을 전개하는 구조이므로, 개별 고객과 로보어드바이저의 수시 상담은 기대하기 어려운 구조다. 따라서 투자에 로보어드바이저를 활용하려면 투자 목표에 대한 매우 구체적인 정보 제공이 특히 중요하다.

요컨대, 현재는 로보어드바이저 서비스를 통한 AI의 주식 등 금융 투자 시장 침투가 날로 증가하고 있다. 그러므로 개인 투자자들은 머지않은 장래에 금융 투자 시장의 주도권이 AI에게 완전히 넘어갈 가능성이 있는 점을 항상 유념할 필요가 있다. 독자들의 현명한 투자를 기대한다.

01
AI와 주식 시장

주식 시장에서 AI와 빅데이터를 어떻게 활용하고 있는지 다양한 사례를 소개한다. 체스도 바둑도 인간이 AI에게 왕좌를 내준 지 이미 여러 해가 지났다. 주식 투자도 마찬가지일까? 완벽한 예측은 사실상 불가능에 가깝다. 이는 파생 상품 시장도 마찬가지다. 현재는 로보어드바이저 서비스를 통한 AI의 주식 시장 침투가 날로 증가하고 있다. 개인 투자자들은 머지않은 장래에 주식 시장의 주도권이 AI에게 완전히 넘어갈 가능성이 있다는 점을 항상 유념할 필요가 있다.

AI 알파고와 이세돌의 대결

2016년 3월 '알파고'(구글 딥마인드팀의 바둑 프로그램)는 이세돌(당시 세계 바둑 챔피언)에게 5전 4승을 거둠으로써, AI가 인간을 능가하는 능력을 갖췄다는 것을 증명했다. 알파고는 딥러닝과 강화학습을 활용하여 바둑 게임을 학습하고 실력을 향상한 프로그램이다. 알파고는, 온라인 바둑 사이트의 최고수 기보 16만 개를 5주 만에 학습했다고 한다. 즉, 인간의 기보를 인간과는 비교가 안 되는 짧은 기간에 마스터하고 인간을 뛰어넘은 것이다.

그런데 그 알파고가 2017년 12월 '알파고 제로'에게 100 대 0으로 무참히 무너졌다. 더욱 놀라운 것은 알파고 제로는 알파고와는 달리, 인간 게임 데이터를 사용하지 않고, 스스로 학습하여 생성되었다는 점이다. 알파고 제로는 불과 3일 만에 인간 전문가 데이터 없이 AI를 교육하는 초인적인 기술을 보여 주었다.

주식 시장의 AI 활용

체스도 바둑도, 인간이 AI에게 왕좌를 내준 지 이미 여러 해가 지났다. 주식 투자도 마찬가지일까? 주식 시장은 불확실성이 높고 예상치 못한 영향 요인이 다양하게 작용한다. 따라서 완벽한 예측은 사실상 불가능에 가깝다. 이는 파생 상품 시장도 마찬가지다.

주식이나 파생 상품 시장에서 AI는 다양한 방식으로 활용된다. 첫째는 '시장 분석과 예측'이다. AI는 대량의 시장 데이터를 처리하고, 과거의 패턴과 추세를 학습하여 미래의 시장 움직임을 예측하는 데 사용된다. 이를 통해 투자자들은 더 정확한 결정을 내릴 수 있다. 둘째는 '알고리즘 트레이딩'이다. 알고리즘 트레이딩은 AI를 사용하여 시장의 변동성을 이용하고, 매매 결정을 자동화하는 전략이다. AI는 객관적인 데이터 분석을 통해 매매 타이밍을 최적화하고 수익을 극대화한다. 셋째는 '감성 분석'이다. 주식이나 파생 상품 시장은 종종 감정적인 요소에 의해 영향을 받는다. AI는 소셜 미디어, 뉴스 기사 등에서 감정 정보를 추출하여 시장의 감성적 상태를 파악하고 이를 투자 결정에 활용할 수 있다. 넷째는 '포트폴리오 관리'다. AI 알고리즘은 다양한 자산 간의 상관관계, 위험-수익 비율을 분석하여 투자자의 위험 선호도와 재정적 목표에 맞는 포트폴리오를 구성할 수 있다. 또, 시장 환경의 변화에 따라 포트폴리오를 동적으로 조정하여 위험을 관리하고 수익성을 극대화할 수 있다. 다섯째는 '위험 관리'다. AI는 복잡한 시장 데이터와 패턴을 분석하여 투자 위험을 식별하고 평가하는 데도 사용된다. 이를 통해 투자자는 잠재적 손실을 미리 감지하고, 위험을 더 효과적으로 관리할 수 있다. AI 기반 시스템은 시장의 이상 징후를 감지하여 금융 사기나 조작을 방지하는 데 기여할 수 있다.

로보어드바이저

주식 시장 투자에 새로 입문하는 사람들 사이에 AI가 투자 종목을 추천해 주는 '로보어드바이저' 이용이 크게 늘었다. 로보어드바이저는 로봇(robot)과 투자 자문 전문가(advisor)를 합성한 조어(造語)로, AI와 알고리즘을 활용하여 투자자의 성향에 맞는 포트폴리오를 자동으로 구성하고 관리하는 자산 관리 서비스다.

로보어드바이저의 특장점은 다음과 같다. 첫째는, '자동화된 투자 관리'다. 즉, 로보어드바이저는 AI가 시장 데이터를 분석하여 최적의 투자 결정을 내린다. 둘째는, '비용 효율성'이다. 로보어드바이저는 인건비가 적게 들기 때문에 저렴한 비용으로 자산 관리 서비스를 받을 수 있다. 셋째는, '접근성'이다. 즉, 로보어드바이저 서비스는 소액 투자자도 쉽게 이용할 수 있다. 넷째는, '감정 없는 투자'다. 로보어드바이저는 인간의 감정이나 편향 없이 객관적인 투자 결정을 내린다. 다섯째는, '지속적인 리밸런싱(re-balancing)'이다.(리밸런싱은 투자 포트폴리오의 자산 비율을 원래의 계획이나 목표에 맞게 재조정하는 과정을 의미한다. 이는 투자 목표와 위험 허용 범위에 따라 투자 포트폴리오가 변동할 때, 자산 비중을 다시 조정하는 것이다.) 로보어드바이저는 시장 상황에 따라 포트폴리오를 자동으로 조정한다.

한편 로보어드바이저의 단점은 다음과 같다. 첫째는, '개별 상담의 부족'이다. 로보어드바이저는 인간 상담사와 달리 개별적인 투자 상담이 어렵다. 둘째는, '역사적 데이터 부족'이다. 즉, 로보어드바이저의 역사가 짧아 장기적인 성과를 예측하기 어렵다. 로보어드바이저는 특히 초보 투자자나 소액 투자자에게 유용한 도구다.

국제적 시장 조사 기관인 스태티스타(Statista)의 최신 자료에 따르면 전 세계 로보어드바이저 시장 규모는 2019년 9805억 달러에서, 2024년에는 1조8천억 달러로 성장이 예상된다. 2023년 7월 말 기준으로 국내 로보어드바이저가 운용하는 자산 규모는 약 1조9425억 원이다. 이는 2021년 7월의 116억 원에서 2년 동안 100배 이상 급증한 수치다. 로보어드바이저는 AI 알고리즘이 각종 경제 지표와 과거 주가 등의 상관관계와 같은 빅데이터를 분석해 투자 전략을 짜고, 이를 고객의 성향에 맞춰 각종 펀드와 상장지수펀드(ETF), 채권, 예금 등으로 적절하게 배분(포트폴리오 구성)해 투자하도록 해 준다. 즉, 프라이빗 뱅커(PB, Private Banker)와 펀드 매니저 같은 인간 전문가가 하던 일을 AI가 대신해 주는 것이다.

다양한 로보어드바이저 서비스

로보어드바이저는 회사별 서비스마다 개성이 뚜렷한 편이다. 주식 시장에서 빅데이터와 AI를 활용한 사례를 살펴보면 다음과 같다. 첫째, 2022년 운용 자산을 약 6배 불린 로보어드바이저 업계의 강자 '파운트'(https://corp.fount.co)는 5만 개가 넘는 시나리오를 컴퓨터가 분석해 금융 자산의 비율을 찾는 방식을 채택하고 있다. 파운트는 2024년 6월, 코스콤에서 진행 중인 제22차 테스트베드 시스템 심사를 통과한 전체 141개 알고리즘(적극 투자형 기준) 중 수익률 1위를 차지했다. 파운트의 알고리즘은 알파고가 바둑을 둘 때 여러 가능성을 놓고 최적의 해법을 찾는 것과 비슷하다. 둘째, '불리오'(https://www.boolio.co.kr)는 이와 달리 너무 많은 경우의 수를 분석하는 게 무의미하다고 보고, 특정 테마 안에서 AI를 학습·훈련한다. '기술주', '신재생에너지주' 등 이른바 투자자의 관심이 높은 테마나 섹터에서 최적의 조합을 찾는 데 초점을 맞췄다. 셋째, 미국 자산운용사 출신이 창업한 '에임'(https://getaim.co)은 전 세계 약 2500개 상장지수펀드(ETF)를 알고리즘으로 분석한 후 '인간 금융 전문가'의 자문을 더해 최종적으로 포트폴리오를 짠다.

로보어드바이저 전문 기업의 서비스가 인기를 얻자 기존 금융회사들도 유사한 서비스를 쏟아내고 있다. 골드만삭스는 2023년 개인용 자산 관리 앱 서비스인 '마커스 인베스트먼트'(https://www.marcus.com/us/en/resources/investing)를 출시했다. 원래 골드만삭스는 1000만 달러(약 134억 원) 이상을 맡기는 고객만 상대할 만큼 문턱이 높은 것으로 유명한데, 마커스 인베스트먼트의 가입 기준은 1000달러(약 134만 원)에 불과하다. 가입 기준이 1/10000로 낮아진 것이다. 세계 최대 자산운용사 블랙록도 로보어드바이저 회사 퓨처어드바이저를 인수한 후 로보어드바이저 서비스 운용을 시작했다.

국내에서는 신한은행 '엠폴리오', KB국민은행 '케이봇쌤', KEB하나은행 '하이로보', 우리은행 '우리 로보-알파', NH농협은행 'NH로보-프로' 등이 유사한 서비스를 시행하고 있다. 외국계 대형 금융회사들은 주로 파운트와 비슷한 방식의 로보어드바이저가, 국내 금융회사와

은행들은 불리오와 유사한 방식이 많다. 국내 금융회사들은 한발 더 나아가 '급등주'를 찾는 서비스에 초점을 맞추기도 한다.

NH투자증권은 2023년 11월 AI 기반 로보어드바이저 서비스를 제공하는 콴텍(https://www.quantec.co.kr)에 90억 원 규모의 지분을 투자했으며, 콴텍의 로보어드바이저 역량을 금융 플랫폼에 탑재해 퇴직연금, 비대면 하이브리드 자산 관리에서 경쟁사 대비 차별화된 고객 서비스 제공 계획을 밝혔다. 한국투자증권은 2024년 1월 모바일트레이딩시스템(MTS) '한국투자' 앱에서 고객에게 맞는 로보어드바이저 랩(WRAP) 상품을 추천해 주는 'MY AI' 서비스를 출시했다. MY AI는 고객이 직접 입력한 개인정보 및 투자 성향 · 투자 계획 · 소득 정보 등을 바탕으로 AI가 약 1억3000만 번의 시뮬레이션을 통해 고객에게 가장 적합한 순서로 로보어드바이저가 운용하는 랩 상품을 추천하고 투자로 연결해 주는 서비스다. 미래에셋증권은 '로보픽' 서비스를 제공하고 있는데, 이는 투자자의 성향을 파악하여 맞춤형 투자 상품을 추천하는 형태다. 한편, 신한투자증권은 자체 개발한 AI 기반 로보어드바이저 '키우 GO'를 운영하고 있다.

로보어드바이저의 선호 계층과 주도권

로보어드바이저에 대한 신뢰도는 첨단 기술에 호의적인 젊은 층일수록 높다. 자산운용사 뱅가드(https://investor.vanguard.com/corporate-portal)의 2022년 조사에서 '로보어드바이저에 안심하고 돈을 맡길 수 있다'고 대답한 비율은 Z세대(1997~2002년생)와 밀레니얼 세대(1981~1996년생)가 각각 49퍼센트, 47퍼센트였다. X세대(1965~1980년생)의 33퍼센트, 베이비부머(1956~1964년생)의 24퍼센트만이 로보어드바이저를 믿을 수 있다고 답한 것보다 1.5~2배가량 높다.

로보어드바이저 서비스를 통한 AI의 주식 시장 침투가 날로 증가하고 있다. 그러므로 개인 투자자들은 머지않은 장래에 주식 시장의 주도권이 AI에게 완전히 넘어갈 가능성이 있다는 점을 유념할 필요가 있다.

02
AI 알고리즘 매매와 DMA

AI 알고리즘은 금융 투자 분야에서 다양한 방식으로 활용된다. AI 알고리즘을 통해 의사 결정의 지원을 받으면, 투자의 효율성이 높아진다. 이 장에서는 첫째, AI 알고리즘이 금융 투자 시장의 전자 매매에 어떻게 활용되는지와 DMA의 불공정성에 관하여 설명한다. 둘째, AI 기반 투자 분석 서비스, 알고리즘 트레이딩과 고빈도 매매, AI 주도의 금융 투자 시장 분석 및 관련 서비스, DMA의 개념에 관하여 독자의 이해를 돕는다.

AI 알고리즘은 데이터를 분석하고 패턴을 인식하여 특정 작업을 자동화하는 프로그램을 말한다. AI 알고리즘은 다음의 유형으로 대별된다. 첫째, '머신러닝(Machine Learning)'이다. 머신러닝은 데이터에서 학습하여 예측을 하거나 결정을 내리는 알고리즘이다. 머신러닝은 예를 들어, 주식 시장에서 가격 변동을 예측하는 데 사용된다. 둘째, '딥러닝(Deep Learning)'이다. 딥러닝은 인공신경망을 사용하여 복잡한 패턴을 인식하는 알고리즘이다. 이미지나 음성 인식에 많이 활용된다. 셋째, '자연어처리(NLP, Natural Language Processing)'다. NLP는 텍스트나 음성 데이터를 이해하고 생성하는 알고리즘이다. 챗봇이나 번역기에서 사용된다. 넷째, '강화학습'이다. 강화학습은 보상을 최대화하기 위해 행동을 학습하는 알고리즘이다. 게임 AI나 로봇 제어에 사용된다.

AI 알고리즘은 금융 투자 분야에서 다양한 방식으로 활용된다. AI 알고리즘을 통해 의사 결정의 지원을 받으면, 투자의 효율성이 높아진다. 이하에서 몇 가지 활용 사례를 살펴보자.

AI 기반 투자 분석 서비스

AI는 방대한 데이터를 분석하여 투자 기회를 발굴하고

위험을 평가하는 데 탁월한 능력을 보인다. 즉, 주가 데이터, 뉴스 기사, 경제 지표, 기업 실적 등 다양한 데이터를 종합적으로 분석하여 투자 가치가 높은 주식을 선별하고, 향후 주가 움직임을 예측하는 데 활용된다. AI의 딥러닝 기술은 복잡한 데이터 패턴을 학습하여 숨겨진 상관관계를 찾아내는 데 유용하다.

AI 기반 투자 분석 서비스의 예를 들면 다음과 같다. 첫째, '로보어드바이저'다. 로보어드바이저는 AI 기반으로 개인의 투자 성향, 목표 수익률, 투자 기간 등을 분석하여 맞춤형 포트폴리오를 제공한다. 둘째, 'AI 펀드 매니저'다. AI 펀드 매니저는 빅데이터 분석과 머신러닝을 통해 시장 상황을 실시간으로 분석하고 최적의 투자 타이밍을 포착한다. AI 펀드 매니저는 특히 전통적인 펀드 매니저보다 저비용으로, 빠르고 정확하게 시장 변동에 대응하여 안정적인 수익을 창출할 수 있다. 셋째, 'AI 주식 분석'이다. AI는 뉴스, 공시 정보, 소셜 미디어 데이터까지 분석하여 투자 인사이트(insights)를 제공하는 주식 분석 서비스를 운영할 수 있다. 특히 AI는 감정적인 판단을 배제하고 데이터 기반으로 투자를 결정할 수 있도록 도와준다. 넷째, 'AI 부동산 투자'다. AI는 인구 변화, 개발 계획, 주변 시세 등 방대한 데이터를 분석하여 부동산의 미래 가치를 예측하고, 투자 유망 지역을 추천하고 예상 수익률까지 계산해 준다. 다섯째, 'AI 암호 화폐 트레이딩'이다. AI는 24시간 쉬지 않고 방대한 양의 데이터를 분석하여 변동성이 큰 암호 화폐 시장에서도 최적의 매수·매도 타이밍을 제시하여 수익 창출을 돕는다.

알고리즘 트레이딩과 고빈도 매매

알고리즘 트레이딩은 AI 알고리즘을 활용하여 주식 매매를 자동화하는 시스템이다. AI는 미리 정의된 규칙과 전략에 따라 주문을 실행하고, 시장 변동에 빠르게 대응하여 수익률을 극대화한다. 알고리즘 트레이딩이란 기본적으로 매매의 판단 기준에서 인간의 영역을 기계의 영역으로 치환(置換)한 것으로 볼 수 있다. 예컨대, A와 B가 한국거래소에 상장된 코스피(KOSPI)의 합성 선물 가격이 실제 선물 가격보다 높은 것을 발견했다 하자. 이 경우 당해 합성 선물을 매도하고 선물을 매수함으로써 즉시 무위험 수익(차익 거래)을 얻을 수 있다. 이때, A와 B가 동시에 차익의 기회를 인지하였다 하더라도, 매매 주문을 먼저 집행하는 자가 무위험 수익을 얻을 수 있다.

알고리즘 트레이딩이란 매매의 기회를 인지하고 주문

을 집행하는 일련의 과정을 컴퓨터에 프로그래밍하여 자동화한 것을 말한다. 알고리즘 트레이딩의 주목적은 자동화를 통하여, 인간의 인지 능력을 초월하여 신속하게 투자 기회를 인지하고, 주문을 집행하여 무위험 수익을 추구하는 것이다.

알고리즘 트레이딩의 주요 특징은 다음과 같다. 첫째, '자동화된 거래'다. 알고리즘 트레이딩은 사전에 정의된 규칙과 조건에 따라 금융 투자 상품의 매매가 자동으로 실행된다. 둘째, '속도와 효율성'이다. 알고리즘 트레이딩은 인간 트레이더보다 훨씬 빠르게 거래를 수행할 수 있어 시장 변동에 신속하게 대응할 수 있다. 셋째, '데이터 분석'이다. 알고리즘 트레이딩은 대규모 데이터 분석을 통해 시장 동향을 예측하고 최적의 거래 전략을 수립한다. 넷째, '감정 배제'다. 알고리즘 트레이딩은 시장 상황 변동에 대하여 감정에 의한 판단 오류를 줄이고 일관된 거래를 유지할 수 있다.

알고리즘 트레이딩은 특히 고빈도 거래(HFT, High Frequency Trading)와 같은 전략에서 많이 사용된다. HFT에서 AI는 인간의 반응 속도를 현저히 능가하며, 정보 비대칭성이 심한 시장 환경에서도 극도의 효율성을 보여 준다. HFT는 현재 미국을 비롯한 주요국 주식 및 파생 상품에서 상당한 지배력을 보인다.

HFT의 장점은 다음과 같다. 첫째, '빠른 실행 속도'다. HFT는 컴퓨터 프로그램을 활용하여 '1초도 안 되는 시간'에 대량의 거래를 실행한다. HFT 세계에서는 실제로 1/1000초(milli-second), 1/100만 초(micro-second)와 심지어 1/10억 초(nano-second) 단위의 경쟁이 펼쳐진다. 이를 통해 빠른 속도로 수익을 추구한다. 둘째, '유동성 제공'이다. HFT는 매수와 매도 호가를 지속적으로 제공하여 시장의 유동성을 증가시킨다. 셋째, 유동성 증가에 수반되는 '거래 비용 감소'다. HFT는 시장 스프레드(bid/ask spread)를 좁힘으로써 일반 투자자들의 거래 비용을 줄여 준다.

반면, HFT는 다음과 같은 단점이 있다. 첫째, '시장 변동성 증가'다. 즉, 특정 상황에서 HFT는 시장 변동성을 증가시킬 수 있다. 둘째, '고가의 인프라스트럭처'다. HFT는 빠른 거래 실행과 데이터 처리를 위해 고가의 인프라스트럭처를 필요로 한다. 셋째, '시스템적 위험'이다. 즉, HFT는 자동화된 시스템에 의존하기 때문에 기술적 오류나 시스템 장애가 시장 시스템을 붕괴시켜 막대한 재정적 손실을 초래할 위험이 있다.

AI 주도의 금융 투자 시장 분석 및 관련 서비스

AI는 금융 투자 시장에서 다양한 방식으로 활용되고 있다. 몇 가지 예를 소개하면 다음과 같다. 첫째, '투자 전략 및 포트폴리오 관리'다. AI는 방대한 데이터를 분석하여 시장 동향을 파악하고, 맞춤형 투자 전략을 수립한다. 둘째, '사기 탐지'다. AI는 이상 거래 패턴을 감지하여 사기 행위를 예방하고 금융 시스템의 보안을 강화한다. 셋째, '고객 서비스'다. AI 기반 챗봇과 '가상 금융 비서'는 고객에게 맞춤형 재정 조언을 제공하고 계좌 관리를 지원한다.[가상 금융 비서의 몇 가지 주요 사례를 소개한다. ① 에리카(Erica): 2018년 도입된, 뱅크오브아메리카(BoA)의 AI 기반 가상 금융 비서로, 계좌 조회, 카드 관리, 개인 송금, 투자 조언 등을 지원한다. 뱅크오브아메리카는 에리카에게 금융, 비금융 정보를 학습시켜, 일 평균 150만 명의 이용자에게 계좌 조회 등 다양한 금융 서비스를 제공하고 있다. ② AI뱅커 : 우리은행이 2024년 4월 선보인 생성형 AI 기반 가상 금융 비서다. ③ 꿀비서 : KB국민은행은 2024년 5월 모바일 특화 인공지능(AI) 가상 금융 비서 '꿀비서'의 오픈 베타테스트를 시작했다. 꿀비서는 인공지능 금융 비서로 상품이나 서비스, 금융 용어를 설명해 주거나 구비 서류 안내, 송금, 잔액 조회 등을 할 수 있다. 예를 들어 "엄마에게 5만 원 송금해 줘" 라고 꿀비서에게 지시하면 송금을 할 수 있도록 도와주는 형태다. 자연스러운 대화로 금융 서비스를 제공할 수 있는 것은 물론이고 개인의 자산에 맞춰 맞춤 금융 정보까지 제공할 수 있다.] 넷째, '리스크 관리'다. AI는 빅데이터 분석을 통해 리스크를 평가하고 예측하여 금융기관의 위험 관리 능력을 향상한다.

요컨대, AI는 다양한 경제 지표, 정치적 상황, 뉴스 이벤트, 사회적 감정(사회적 감정은 우리가 사회생활에서 느끼는 감정으로, 다른 사람과의 상호작용, 관계, 사회적 상황에서 발생한다. 예컨대, 애정, 동정, 애국심, 애향심 등이다.) 등을 종합적으로 분석하여 시장 변동성의 원인과 방향을 파악하고, 이를 바탕으로 투자 포트폴리오를 조정하고 위험 관리 전략을 수립할 수 있다. AI는 주식 투자의 새로운 지평을 열고 있으며, 효율적이고 정확한 의사 결정을 지원한다.

DMA

DMA(Direct Market Access)는 일반적으로 전문 투자자가 주식 또는 파생 상품 주문 시, 증권사의 주문 처리 적정성 점검을 간소화하여 자동으로 거래소에 주문이 전달되는 방식이다. 투자자의 주문 서버를 증권사(또는 거래소) 데이터 센터 내에 설치(co-location)하여 AI 알고리즘을 통한 DMA 주문을 낼 수 있도록 고객별로 맞춤화된 환경을 제공한다. DMA는 거래자가 중개인 없이 금융 시장에 직접 접근할 수 있는 방식이다. 즉, DMA를 통해 거래자는 '전자 증권거래 네트워크(ECN, Electronic Communication Network)' 및 증권이 거래되는 거래소에 직접 주문을 전달할 수 있다.(ECN은 컴퓨터 네트워크를 활용해 주식을 매매하는 전자적인 증권 거래 시스템이다. 증권 회사나 언론사들이 온라인상에서 설립하는 가상 증권거래소로서 기존 증권거래소와는 달리 실체가 없이 온라인상에서만 존재한다. 즉 투자자들이 인터넷을 통해 내는 매매 주문이 증권거래소를 통하지 않고 직접 ECN 시스템에서 거래가 이뤄지는 방식이다. ECN은 신속한 거래, 낮은 수수료, 거래 당사자의 익명성 보장 등의 장점이 있다.) 요컨대, DMA란 거래소 전산 시스템에 직접 접속하여(direct market access) 매매하는 것을 의미한다.

DMA의 목적은 알고리즘 트레이딩과 마찬가지로 주로 차익 거래를 위한 것으로 볼 수 있다. 우수한 알고리즘은 무위험 수익의 기회 인지(認知)와 주문 집행의 경과 시간을 최소화한 것이다. 그러나 거래소의 시스템을 통한 거래에서는 주문 집행에서 회원사(통상, 증권 회사)를 경유하는 점이 주문 집행 경과 시간 최소화의 걸림돌이다. 즉, 고객은 회원과 비교하면 상대적으로 주문 집행의 경과 시간이 길 수밖에 없고 이에 따라 차익 거래의 기회가 제한되는 구조적인 문제점이 있다. DMA는 협의로는 고객이 거래소와의 거래에서 사실상 회원을 배제하고 직접 전산을 연결하여 주문 집행의 경과 시간을 최소화하는 것이다. 우수한 알고리즘 트레이딩 프로그램과 DMA가 결합하면 차익 거래의 기회가 많아진다. 요컨대, DMA는 알고리즘 매매의 목적을 달성할 수 있는 수단이다. DMA는 상당 부분 알고리즘 매매의 실효성을 높이는 도구로 활용되고 있다.

DMA의 장점은 다음과 같다. 첫째, '합리적 의사 결정'이다. 즉, DMA를 통해 거래자는 시장의 깊이와 유동성을 확인하고 더 많은 정보를 바탕으로 합리적인 거래 의사 결정을 내릴 수 있다. 둘째, '빠른 실행 속도'다. 즉, DMA를 사용하면 거래자는 브로커나 시장 조성자를 통하지 않고 시장에 직접 주문을 할 수 있어 빠른 거래 실행이 가능하다. 셋째, '거래 비용 감소'다. 즉, DMA는 중개인의 필요성을 제거하여 거래자는 전통적인 거래 방법과 관련된 수수료를 피할 수 있다. 다만, DMA의 현저한 속도 우위는 HFT의 불공정 행위의 도구로 사용되기도 한다.

03
HFT와 불공정 행위

HFT에서 발생하는 불공정 행위에 관하여 설명한다. HFT의 개념 및 특징, 불공정 거래(Unfair Trading)의 유형, 국내 알고리즘 트레이딩 및 DMA 불공정 거래 사례를 살펴본다.

HFT의 개념 및 특징

'고빈도 매매(HFT, High-Frequency Trading)'는 컴퓨터 알고리즘을 사용하여 매우 짧은 시간 간격으로 대량의 거래를 수행하는 방법이다. HFT는 극도로 빠른 속도와 높은 거래 빈도로 이루어지며, 작은 가격 변동에도 반응하여 이익을 추구한다. HFT는 주로 대규모 거래소에서 활발하게 이루어지며, 특정 전략을 기반으로 시장을 탐색하고 주문을 실행한다.

HFT의 주요 특징은 다음과 같다. 첫째, '속도'다. HFT는 극단적 초고속 거래인데, 컴퓨터 알고리즘을 활용하여 밀리초(milli-second, 1/1000초), 마이크로초(micro-second, 1/100만 초) 또는 심지어 나노초(nano-second, 1/10억 초) 단위로 주식, 선물, 옵션 등 금융 상품을 매매하는 방식이다. 따라서 HFT는 시장의 가장 작은 변동에서도 상당한 이익을 거둘 수 있다. 둘째, '효율성'이다. HFT는 알고리즘이 거래를 자동으로 실행하므로, 주식 등 금융 투자 상품의 매매에서 인간의 개입이 불필요하다. 이는 오류의 위험을 줄이고 거래가 빠르고 정확하게 이루어지도록 효율성을 높인다. 셋째, '시장의 유동성 증가'다. HFT는 대량의 거래를 통해 시장 유동성을 높이고, 가격 발견 과정을 개선한다. 넷째, '거래 비용 감소'

다. HFT는 시장 스프레드(market spread, 매수와 매도 가격의 차이)를 좁힘으로써, 개미 투자자를 포함한 시장 전반의 거래 비용을 감소한다.

HFT의 불공정 거래

일반적으로 불공정 거래(Unfair Trading)란 시장에서 공정하지 않거나 정당하지 못한 방법을 사용하여 거래하는 행위를 의미한다. 일반적으로 다음과 같은 행위가 불공정 거래에 해당한다.

① 거래 거절 : 정당한 이유 없이 거래를 거절하거나 중단하는 행위
② 차별적 취급 : 특정 조건을 차별하여 거래 상대방의 지위를 약화하는 행위
③ 경쟁 사업자 배제: 경쟁 사업자를 배제하기 위해 부당한 가격으로 상품을 판매하는 행위
④ 시세 조종 : 주가를 조작하여 시장을 원하는 방향으로 움직이게 하는 행위

HFT의 불공정 거래는 다음과 같이 설명된다. 첫째, '불공정 경쟁'이다. 즉, HFT는 고도의 기술과 상당한 자

본을 요구하기 때문에 소규모 투자자나 전통적인 투자자들이 불리한 위치에 놓일 수 있다는 점에서, 불공정 경쟁의 우려가 있다.

둘째, '시세 조종'이다. 예컨대, HFT의 '쿼트 스터핑(quote stuffing)' 같은 전략은 시장 데이터를 과도하게 생성하여 다른 트레이더들의 시스템을 혼란에 빠트릴 수 있다.[쿼트 스터핑은 HFT에서 사용되는 시세 조종 방법 중 하나로, 빠르게 많은 주문을 입력하고 철회(IOC, immediate or cancel order)함으로써 시장을 휩쓸어 가격을 혼란스럽게 만드는 것을 의미한다.] 쿼트 스터핑의 동작 방식은 이러하다. ① HFT 트레이더가 짧은 시간 내에 많은 주문을 시장에 입력한다. 그러나 이 주문들은 빠르게 취소되기 때문에 실제 거래로 이어지지 않는다. ② 대량의 주문이 시장 데이터 피드 라인의 대역폭을 초과하게 되면 시세 정보가 지연된다. ③ 이 지연은 주문이 버퍼에 쌓이고 버퍼가 비워질 때까지 지속된다. ④ 예컨대, 1초 동안 하나의 주식에 6000개 이상의 주문이 들어오면, 이 주문은 시세 정보가 전달되는 시간보다 짧게 유효하다. 일반적인 트레이더는 이런 유령 주문에 대응할 수 없다. HFT 트레이더는 시장에 빠르게 주문을 쏟아붓고 취소함으로써 다른 트레이더들을 혼란에 빠뜨리고 거래 기회를 찾는 경우가 있다.

셋째, '시스템적 위험'이다. HFT의 복잡성과 고도의 기술적 요구 사항은 오류 발생 시 시장 전체 시스템에 장애를 초래할 위험이 있다. HFT는 복잡한 알고리즘과 자동화된 시스템에 의존하기 때문에, 기술적 오류나 시스템 장애가 큰 재정적 손실을 초래할 수 있다. 예를 들어, 2010년 미국의 '플래시 크래시(Flash Crash)'는 상당 부분 HFT와 관련된 것으로 밝혀졌다.(플래시 크래시는 금융 시장에서 매우 짧은 시간 동안 급격한 가격 변동이 발생하는 현상을 말한다. 2010년 5월 6일에 발생한 플래시 크래시는 대표적인 사례로, 미국 주식 시장에서 단 몇 분 만에 주요 지수들이 급락했다가 빠르게 회복되었다. 당시의 원인으로 주로 HFT 알고리즘의 오류나 과도한 주문 취소 등이 지목되었다. 그 결과 HFT 거래에 대한 시장의 신뢰성 우려를 불러일으키며, 규제 당국이 HFT와 관련된 규제를 강화하는 결정적 계기가 되었다.)

국내 알고리즘 트레이딩 및 DMA 불공정 거래 사례

2023년 1월 증권선물위원회는 A 증권사(해외 소재 금융투자업자)의 고빈도 알고리즘을 이용한 시장 질서 교란 행위에 대해 118억8천만 원의 과징금 부과 조치를 의결하였다. 이는 우리나라에서 고빈도 알고리즘 매매를 통한 시장 질서 교란 행위에 대하여 과징금을 부과한 첫 사례다.

A 증권사는 DMA(Direct Market Access) 방식으로 알고리즘 매매 시스템을 이용하여 매매하였다. 이 과정에서, 첫째 IOC 조건 주문(Immediate or Cancel, 주문 수량 중 즉시 체결 가능한 수량은 체결시키고 잔량은 즉시 취소하는 주문 형태)으로 최우선 매도 호가 전량을 반복적으로 소진(고가 · 물량 소진 매수)하였다. 둘째, 호가 공백이 발생한 곳에 지정가 매수 주문을 제출(호가 공백 메우기)하여 신규 최우선 매수 호가를 생성(호가 상승 유발)하거나, 이를 취소하는 등의 주문 행위를 단시간 내에 집중적, 반복적으로 행하였다. 따라서 인위적인 요인으로 타 투자자의 오해를 유발하거나 해당 주식의 가격 등을 왜곡할 우려가 있는 행위를 한다는 혐의가 제기되었다.

일례로, A 증권사는 ㅇㅇ 주식에 대해 2018년 ㅁ월 ㅁ일 10시경 고가 · 물량 소진 매수 주문(IOC 조건) 19회, 호가 공백 메우기 15회 등 총 34회 매수 주문을 제출한 바 있으며, 실제 약 60초 사이에 해당 주식의 주가가 약 3.5퍼센트 상승한 바 있다. A 증권사는 2017년 10월 18일~2018년 5월 24일 기간 중 하루 평균 1422개 종목에 대해 5천억 원이 넘는 규모의 거래를 한 것으로 파악되었다.

04
시세 조종과 AI의 역할

시세 조종과 AI의 역할에 관해 설명한다. 시세 조종의 의의를 살핀 후, 시세 조종의 유형을 설명한다. 유형 중 첫째는 위장 거래에 의한 시세 조종, 둘째는 현실 거래에 의한 시세 조종, 셋째는 허위 표시에 의한 시세 조종, 넷째는 불법 안정 조작/시장 조성, 다섯째는 현선 연계에 의한 시세 조종이다. 시세 조종의 처벌에 관하여 살핀 후, SM엔터테인먼트 시세 조종 사례를 소개한다. 시세 조종 적출과 AI의 역할 및 한국거래소 AI 기반 시장감시시스템(CAMS)을 살핀다.

시세 조종의 의미

시세 조종 행위란 주식 등의 가격을 인위적으로 변동시켜 금융 투자 상품 시장의 가격 결정과 수급 질서를 방해하는 일체의 행위로 시세 조종 방법에 따라「위장거래에 의한 시세조종」,「현실거래에 의한 시세조종」,「허위표시에 의한 시세조종」,「불법 안정조작/시장조성」,「현선연계 시세조종」으로 나누어진다. 이는 상장된 주식이나 파생 상품의 가격을 부당하게 변동시켜 이득을 취하거나, 타인에게 그 변동된 시세를 공정한 시세로 오인하게 하는 사기적인 행위다. 시세 조종은 많은 투자자에게 큰 손해를 끼칠 수 있는 불법 행위로서, 자본시장법에서 금지하고 있다. 이하에서는 시세 조종을 유형별로 살펴본다.

시세 조종의 유형

위장 거래에 의한 시세 조종

다른 사람들이 주식 등의 거래가 활발히 이루어지고 있는 것처럼 오해하게 하거나 잘못된 판단을 하게 할 목적으로 주식 등을 매매하거나 주식 등의 매매를 위탁 · 수탁하는 행위를 말하는 것으로 주식 등의 매매 방법에 따라 통정 매매, 가장 매매로 구분한다. 통정 매매는 다른 사람과 사전에 의논하여 본인이 매수 또는 매도하는 시기에 같은 가격으로 다른 사람이 본인과 반대되는 매도 또는 매수를 하여 거래가 체결되는 거래를 말하며, 가장 매매란 권리의 이전을 목적으로 하지 않는 거짓 매매로, 동일인 명의 계좌 간의 매매나 차명 계좌 거래 등을 말한다.

우리 자본시장법은 제176조 제1항에서 "누구든지 상장증권 또는 장내파생상품의 매매에 관하여 그 매매가 성황을 이루고 있는 듯이 잘못 알게 하거나, 그 밖에 타인에게 그릇된 판단을 하게 할 목적으로 다음 각 호의 어느 하나에 해당하는 행위를 하여서는 아니 된다.

1. 자기가 매도하는 것과 같은 시기에 그와 같은 가격 또는 약정수치로 타인이 그 증권 또는 장내파생상품을 매수할 것을 사전에 그 자와 서로 짠 후 매도하는 행위 (통정매수)
2. 자기가 매수하는 것과 같은 시기에 그와 같은 가격 또는 약정수치로 타인이 그 증권 또는 장내파생상품을 매도할 것을 사전에 그 자와 서로 짠 후 매수하는 행위 (통정매도)
3. 그 증권 또는 장내파생상품의 매매를 함에 있어서 그 권리의 이전을 목적으로 하지 아니하는 거짓으로 꾸민 매매를 하는 행위 (가장매매)
4. 제1호부터 제3호까지의 행위를 위탁하거나 수탁하는 행

위"로 규정하며, 시세조종을 금지하고 있다.

현실거래에 의한 시세 조종

현실 거래에 의한 시세 조종이란, 매매를 유인할 목적으로 본인 명의 또는 타인 명의로 된 여러 개의 계좌를 이용하여 또는 타인과 공모하여 주식 등의 매매가 성황을 이루고 있는 듯이 오인하게 하거나 주식 등의 가격을 상승 · 하락하게 하는 주식 등의 매매 또는 그 주식 등의 매매를 위탁 · 수탁하는 행위를 말한다.

허위 표시에 의한 시세 조종

허위 표시에 의한 시세 조종이란, 매매를 유인할 목적으로 주식 등의 시세를 자기 또는 다른 사람이 조작하고 있다는 말을 유포하거나, 유가증권의 매매와 관련한 중요한 사실에 대하여 고의로 허위의 사실을 표시하거나 오해를 유발하게 하는 표시를 하는 것을 말한다. 매매를 유인할 목적으로 하는 행위라는 점에서 현실 거래에 의한 시세 조종과 동일하나 허위 사실의 표시 또는 오해 유발 표시의 유무가 현실 거래와 구별된다.

불법 안정 조작/시장 조성

안정 조작과 시장 조성은 인위적인 시장 개입 활동으로, 시장이 특수한 상황에 처한 경우 투자자 보호를 위하여 필요하다고 인정되는 경우에 제한적으로 허용된다. 그러나 불법 안정 조작/시장 조성은 법령에서 정해진 절차나 방법에 의하지 않고, 단독 또는 공동으로 주식 등의 시세를 고정시키거나 안정시킬 목적으로 매매를 하는 행위 또는 그 매매의 위탁 · 수탁을 하는 행위를 말한다.

현선 연계 시세 조종

장내 파생 상품 및 주식의 매매에서 부당한 이익을 얻거나 제삼자에게 부당한 이득을 얻게 할 목적으로 장내 파생 상품 및 기초 자산의 시세를 변동 또는 고정시키는 행위를 말한다.

시세 조종의 처벌

시세 조종의 처벌은 형사 책임과 민사 책임으로 나뉜다.

첫째, 형사 책임에 대해서는 1년 이상의 유기징역(다만, 그 위반 행위로 얻은 이익 또는 회피한 손실액이 50억 원 이상인 때에는 무기 또는 5년 이상의 징역, 5억 원 이상 50억 원 미만인 때에는 3년 이상의 유기징역)과 함께 이익 또는 회피한 손실액의 3배 이상 5배 이하의 벌금(다만 이익 또는 회피한 손실액이 없거나 산정하기 곤란한 경우 또는 이익 또는 회피한 손실액의 5배에 해당하는 금액이 5억 원 이하인 경우 벌금의 상한액은 5억 원)을 병과받게 된다.

둘째, 민사 책임에 대해서는 예컨대, 해당 주식 등을 거래한 자가 입은 손해에 대한 배상 책임을 진다.

시세 조종 사례 : SM엔터테인먼트 시세 조종

2024년 8월 김범수 카카오 창업자(경영쇄신위원장)가 SM엔터테인먼트(이하 SM엔터) 인수를 위해 시세 조종을 했다는 혐의로 구속 기소됐다. 김 위원장은 2023년 2월 16~17일, 27~28일 4일간 SM엔터 인수를 밝힌 하이브의 SM엔터 공개 매수가(12만 원)보다 높게 주가를 고정해 주식을 사들여 시세를 조종한 혐의를 받는다. 김 위원장 등 경영진과 사모펀드 운용사 원아시아파트너스는 원아시아 계좌 명의로 2023년 2월 3일간 SM엔터 주식을 공개 매수가보다 높게 사들여 시세 조종을 했다. 여기에만 1100억 원을 투입했다. 또 같은 달 홍은택 전 카카오 대표와 김성수 전 카카오엔터테인먼트 대표 등과 공모해 카카오와 카카오엔터테인먼트 명의로 190회에 걸쳐

1300억 원 규모 SM엔터 주식도 매수한 것으로 조사됐다.

시세 조종 적출과 AI의 역할

한국거래소 AI 기반 시장감시시스템

한국거래소는 2021년 4월부터 AI 기반의 시장감시시스템(CAMS, catch-all market surveillance)을 가동 중이다. CAMS는 거래소 대내외 다양한 데이터를 결합해 부정 거래, 시세 조종, 미공개 정보 이용 등 불공정 거래를 체계적으로 분석하는 시장 감시 인프라다. CAMS는 일평균 약 25만 건(게시판 약 14만 건, 기업/인물 약 10만 건, 공시/뉴스/스팸 등 1만 건)의 인터넷 정보 분석을 통해 시세 조종 등 불공정 행위를 적출하고 있다.

CAMS의 적출 사례

한국거래소는 CAMS를 통해 2021년 6월 7개 기업으로부터 2000여 억 원 규모의 부정 거래 혐의를 적발했다. CAMS는 기업 공시, 주가 추이, 매매 내역, 시장 조치 등을 종합적으로 분석해 부정 거래 혐의 개연성 정도에 따라 1~3등급으로 구분해 관리한다. 이를 통해 2021년 4월 중 1등급 14사, 2등급 15사, 3등급 75사 등 총 104사가 적출됐다. 한국거래소 시장감시위원회는 이 중 부정 거래 혐의 개연성이 높은 1, 2등급의 회사들을 정밀 분석한 결과 7건의 대규모 부정 거래 혐의 종목을 적발했다. 이들의 부당 이득 합계는 2000여 억 원 규모로 추정된다.

05
AI와 내부자 거래

내부자 거래의 의의, 내부자 거래의 범위, 미공개 중요 정보의 내용의 개념을 설명한 후, 사례를 통한 내부자 거래의 이해를 시도한다. AI의 미공개 정보 탐지 또는 학습의 결과가 해당 종목에 대한 기계적이고 자동적인 투자로 귀결되는 경우는 내부자 거래가 문제 된다는 점을 지적하고 해결 방안을 제시한다.

내부자 거래의 의미와 내부자의 범위

내부자 거래(미공개 정보 이용)란 회사의 주요 주주, 임직원 기타 회사와 일정한 관계에 있는 자가 회사의 업무 등과 관련하여 공개하지 아니한 중요 정보를 이용하여 주식 등을 사고팔거나 다른 사람에게 정보를 제공하여 주식 등을 사고파는 데 이용하여 이익을 얻거나 손해를 회피한 경우를 말한다.

내부자 거래에서 내부자의 범위는 다음과 같이 요약된다.

① 회사 내부자 : 해당 회사 및 그 회사의 임직원 및 주요 주주

② 내부자는 아니나 내부자로 인정하는 경우

– 해당 회사의 인가 · 허가 · 지도 · 감독 기타 권한을 가지는 자

– 해당 회사와 계약을 체결하고 있는 자 및 계약을 교섭한 자

– 주요 주주 및 내부자로 인정하는 자의 대리인(법인인 경우 임직원 및 대리인 포함), 사용인 기타 종업원

③ 직접 정보를 받은 자 : 회사 내부자 또는 내부자로 인정되는 사람으로부터 직접 정보를 제공받은 자

미공개 중요 정보의 내용

미공개 중요 정보는 일반 주식 투자자의 투자 판단에 중대한 영향을 미칠 수 있는 정보로서 일반인에게 공개되지 않은 정보로 범위가 대단히 광범위하나 구체적인 예를 들면 다음과 같다.

– 회사의 재무 구조에 중대한 변경을 초래하는 사실 또는 결정
– 회사의 기업 경영 환경에 중대한 변경을 초래할 수 있는 사실 또는 결정
– 회사의 재산 등에 대규모 손실을 초래하는 사실 또는 결정
– 회사의 채권 채무 관계에 중대한 변동을 초래하는 사실 또는 결정
– 회사의 투자 및 출자 관계에 관한 중요 사실 또는 결정
– 회사의 손익 구조 변경에 관한 중요 사실 또는 결정
– 회사의 경영 · 재산 또는 투자자의 투자 판단에 관하여 중대한 영향을 미칠 회계 처리 기준 또는 회계 추정의 변경 결정
– 금융기관이 관계 법규 또는 감독기관의 요구에 따라 경영 상태 등에 관한 자료를 공시 또는 공표한 때

- 사외 이사 및 사외 감사의 선임 · 해임 결정
- 최대 주주 등과의 거래
- 공개 매수의 실시 또는 중지 등에 관한 사항
- 기타 위에 준하는 사항으로 투자자의 투자 판단에 중대한 영향을 미칠 수 있는 사항의 발생 또는 결정

내부자 거래의 사례

상장사인 A제약은 자기자본금의 3퍼센트에 해당하는 자금을 출자해 업계의 주목을 받고 있는 B바이오 지분 10퍼센트를 보유할 계획을 세웠다. A제약 생산본부장인 김 모 이사는 구내식당에서 식사하던 도중 우연히 이러한 이야기를 전해 듣고 당일 저녁 집으로 돌아가던 택시 안에서 자신의 동생에게 전화를 걸어 이 사실을 알려 주면서 주식을 미리 사 두라고 권했다. 다음 날 김 이사의 동생과 김 이사의 통화 내용을 우연히 듣게 된 택시 기사는 A제약의 주식을 매수했다. 이들은 내부자 거래로 처벌받을까?

위 사례에서는 ① A제약이 B바이오사의 주식 10퍼센트를 인수한다는 사실이 중요 정보인지와 ② 김 이사가 구내식당에서 이를 우연히 전해 들은 경우에도 해당되는지 ③ 김 이사 자신이 주식 매매를 하지 않고 이를 동

생에게 전달한 경우에도 김 이사가 처벌되는지 ④ 김 이사로부터 소식을 전해 듣고 주식을 매수한 동생이 처벌되는지 ⑤ 우연한 기회에 이를 듣고 주식 매매를 한 택시 기사가 처벌되는지에 대해 의문이 들 수 있다.

관련 법규와 법원의 판단 기준

자본시장법은 주가에 영향을 줄 수 있는 회사의 중요 정보가 일반인에게 공개되기 전에 회사의 주요 주주, 임직원 등이 이를 이용해 주식을 매매해 이익을 획득하거나 손실을 회피하는 행위를 금지(제174조 제1항)한다. 이를 위반하면 10년 이하의 징역 또는 그 위반 행위로 얻은 이익 또는 회피한 손실액의 1배 이상 3배 이하에 상당하는 벌금형에 처하도록 규정(제443조 제1항)해 이른바 '내부자 거래'를 처벌하고 있다.

내부자 거래는 회사의 내부자가 일반에게 공개되지 않은 중요 정보를 이용해 주식을 사고팔거나 타인으로 하여금 주식을 거래하도록 하는 경우에 성립된다.

①: 먼저 중요 정보에 대한 판단은 해당 정보가 '투자자의 투자 판단에 중대한 영향을 미칠 수 있는 정보'인지에 따라 결정되므로 신고 의무나 공시 의무 등과는 관련이 없다. 위 사

례와 동일한 사안에서 대법원은 중요 정보 여부는 신고 대상 여부와 관계없이 정해진다고 판시하며 유죄를 선고했다. 한편, '직무와 관련한' 정보를 얻게 된 경로에 대해서도 법원은 구내식당에서 전해 들었거나 파기하기로 한 이사회 결의서를 우연히 보게 된 경우에도 유죄를 인정하며 직무 관련성을 폭넓게 적용했다.

②, ③, ④: 처벌 범위와 관련해서는 회사 임직원은 미공개 중요 정보를 이용해 자신이 주식 거래를 하는 경우뿐만 아니라 타인(1차 정보 수령자)에게 정보를 전달해 주식을 매매하게 해도 처벌된다. 임직원과 1차 정보 수령자가 함께 처벌되므로 위 사례에서 김 이사와 김 이사의 동생 모두 처벌 대상이다.

⑤ : 그러나 위 사례의 택시 기사처럼 회사 내부자와 아무런 관련이 없는 자가 우연히 미공개 중요 정보를 알게 된 경우에 대해서는 내부자로부터 미공개 중요 정보를 전달받은 경우에 해당된다고 보기 어렵기 때문에 처벌받을 가능성이 낮다.

내부자 거래에서 AI의 역할 : AI 데이터 전처리와 미공개 중요 정보 탐지

머신러닝 프로젝트의 성공은 대부분 데이터의 품질에

달려 있다. 왜냐하면 머신러닝 모델은 제공된 데이터로부터 패턴을 학습하기 때문에 데이터의 질이 모델의 성능을 결정짓는 주요 요소이기 때문이다.

데이터 전(前)처리는 머신러닝 모델에 입력하기 전에 데이터를 정제하고 구조화하는 과정을 말한다. 이 과정은 누락된 값 처리, 이상치 제거, 피처 스케일링, 범주형 데이터의 수치화 등을 포함한다. 예를 들어 데이터세트에 누락된 값이 있다면, 이를 평균값으로 대체하거나 해당 행을 제거하는 등의 방법으로 처리할 수 있다. 이는 모델이 더 정확한 예측을 할 수 있도록 돕는다.

AI가 미공개 정보를 탐지 또는 학습하고, 그 결과가 해당 종목에 대한 기계적이고 자동적인 투자로 귀결되는 경우는 내부자 거래가 문제 된다.

AI의 미공개 중요 정보 탐지 통제 필요

AI용 데이터 전처리 과정에서 미공개 중요 정보 탐지 기능을 의무적으로 부과하는 방안을 고려해 보자. 이를 위해 다음과 같은 규제 방안이 필요하다.

첫째, '데이터 처리 투명성 강화'다. AI 활용 주체가 데이터 전처리 과정에서 미공개 중요 정보를 탐지하는 기능을 적용할 때, 해당 기능의 동작 방식과 결과를 투명하게 공개해야 한다. 즉, 데이터 처리 과정에서 어떤 미공개 중요 정보가 탐지되었는지, 그리고 어떻게 처리되었는지에 대한 정보를 기록하고 관리해야 한다.

둘째, '법적 책임 강화'다. AI 활용 주체가 미공개 중요 정보를 처리하는 과정에서 발생하는 문제에 대한 법적 책임을 명확히 규정해야 한다. 즉, 미공개 중요 정보를 부적절하게 활용한 경우, 벌금이나 형사 처벌을 적용할 수 있도록 해야 한다.

셋째, '교육 및 인식 제고'다. AI 활용 주체들에게 미공개 중요 정보의 중요성과 규제에 대한 충분한 교육을 시행하여 인식을 높여야 한다.

요컨대 AI 데이터 전처리 과정에서 미공개 중요 정보를 적절히 탐지하고 처리하도록 제도적으로 유도할 필요가 크다.

06
로보어드바이저와 AI

로보어드바이저는 최근 많은 관심을 받고 있는 투자 방식 중 하나로, AI 기술을 활용하여 개인의 투자 포트폴리오를 자동으로 관리해 주는 서비스다. 이를 통해 효율적이고 개인화된 투자를 할 수 있다. 여기에서는 개인 투자자들이 로보어드바이저를 어떻게 활용할 수 있는지에 대하여 소개한다. 국내 로보어드바이저의 종류, 개인 투자자의 로보어드바이저 이용 시 장단점, 개인 투자자의 로보어드바이저 활용 방법을 각각 소개한다.

국내 로보어드바이저의 종류

은행의 로보어드바이저

기업은행은 아이원(i-ONE) 로보, 광주은행은 KJ마이봇, 대구은행은 로디(Ro.D), 신한은행은 쏠리치, 우리은행은 우리로보-알파, 하나은행은 하이로보, BNK경남은행과 BNK부산은행은 웰스타로보, KB국민은행은 케이봇쌤, NH농협은행은 NH로보-PRO 브랜드로 펀드 또는 연금 로보어드바이저 서비스를 제공 중이다.

은행의 로보어드바이저는 펀드나 연금 포트폴리오 추천에 집중되어 있다.

증권사의 로보어드바이저

증권사의 로보어드바이저 상품 또는 서비스는 은행보다 더 다양하고 복잡하게 구성되어 있다. 예를 들어, 증권사는 은행과 유사하게 주식 · 상장지수펀드(ETF), 펀드, 연금 포트폴리오를 추천하는 상품 추천형, 펀드 또는 연금 자산 관리를 지원하는 투자 자문형, 국내외 주식 · ETF 등으로 자산 배분을 지원하는 투자 자문형, 랩 투자 일임형, 주식 · ETF 상장 종목 추천과 매매 타이밍 정보를 제공하는 정보 제공형 등 다양한 유형의 로보어드바이저 상품 또는 서비스를 제공하고 있다.

증권사의 로보어드바이저는 랩 투자 일임형과 주식 투자 정보 제공형에 집중되어 있다.

투자 자문·일임 업자의 로보어드바이저

투자 자문 · 일임 업자(전문 사모 집합 투자업자 포함)가 제공하는 로보어드바이저 유형은 그 업의 특성상 투자 자문형 또는 투자 일임형으로 분류된다. 특히 이들 로보어드바이저는 은행이나 증권사와 다르게 전용 플랫폼을 제공한다는 점이 차별된다.

각사 로보어드바이저의 운용성과 심사

'코스콤'(https://www.koscom.co.kr)이 운용하는 '로보어드바이저 테스트 베드 센터'(https://www.ratestbed.kr)를 검색하면, 각 사 로보어드바이저가 분산 투자, 투자자 성향 분석, 해킹 방지 체제 등 투자 자문 · 일임을 수행하기 위한 최소한의 규율이 제대로 작동하는지 심사 결과를 확인할 수 있다.

동 센터는 종합 지수(전체 포트폴리오), 유형 지수(안정추구형, 위험중립형, 적극투자형 등 3개 포트폴리오), 업종 지수(은행업, 증권업, 자산운용업, 자문 · 일임업, 기술업체 등 5개의 업종)의 지표를 활용하여, 로보어드바이저의 성과를 평가하고 있다.

개인 투자자의 로보어드바이저 이용 시 장단점

장점

첫째, '비용 절감'이다. 로보어드바이저는 전통적인 투자 자문 서비스에 비해 비용이 매우 저렴하다. 그 주된 이유는, 로보어드바이저는 다수(경우에 따라 수십만 명)의 투자자에게 서비스를 제공할 수 있다는 점에서 인간 투자 자문 전문가와 다르기 때문이다. 즉, 단위 비용이 극도로 낮아질 수 있는 구조이기 때문이다. 더욱이 AI를 한 번 개발한 후에는 추가적인 비용이 거의 발생하지 않는 점도 저렴한 비용의 요인이다.

둘째, '개인화된 포트폴리오'다. 로보어드바이저는 시장 상황과 투자자의 성향을 분석하여 개인 투자자 각각에게 가장 적합한 포트폴리오를 만들어 준다. 이를 통해 투자자의 목표와 리스크 허용도를 고려한 맞춤형 투자를 할 수 있다.

셋째, '투자에 대한 편리한 액세스'다. 로보어드바이저는 앱을 통해 간편하게 접근할 수 있다. 또한 최소 가입 금액도 낮아서 소액으로도 투자가 가능하다. 또 지속적으로 시장 상황을 분석하면서 리밸런싱을 자동으로 해 주는 것을 쉽게 확인할 수 있다.

단점

첫째, '개별 상담의 어려움'이다. 로보어드바이저는 기계이기 때문에 사람의 언어로 표현하는 부분이 부족하다. 따라서 투자의 판단 근거 등 궁금한 것들에 대해서는 아직 로보어드바이저가 제공하기 어렵다.

둘째, '짧은 역사'다. 로보어드바이저는 인간의 투자 자문에 비하여 상대적으로 역사가 짧다. 그러므로 큰 시장 변화가 생겼을 때 로보어드바이저가 어떤 의사 결정을 하고 어떤 움직임을 보여 줄지 알 수 없는 부분이 있다. 따라서 더욱 큰 신뢰를 얻기 위해서는 더 많은 시간이 필요하다.

셋째, '비교의 어려움'이다. 로보어드바이저를 비교하기 어렵다. 왜냐하면 로보어드바이저는 비교할 수 있는 펀드 매니저가 정해져 있지 않고, 단순히 기간 수익률이나 구성 종목을 비교하는 것으로 평가되기 때문이다. 그러므로 개별 로보어드바이저의 실력을 비교하여 파악하기 어렵다.

개인 투자자의 로보어드바이저 활용 방법

첫째는 '목표 설정'이다. 모든 투자에서 최우선으로 필요한 사항은 투자 목표를 명확히 설정하는 것이다. 예를 들어, 은퇴 자금 마련, 자녀 교육비 준비, 주택 구입 자금 마련 등 구체적인 목표를 세우는 것이 중요하다. 이는 로보어드바이저를 활용한 투자에서도 마찬가지로 적용된다. 다만 투자 목표 설정에 앞서서 ① 본인의 자산과 부채, 수입과 지출을 분석하여 현재의 재정 상황을 파악하는 것과 ② 평생에 걸쳐 필요한 자산 시나리오의 파악 즉, 몇 년 후에 어떤 자산이 얼마나 필요한지 고려할 필요가 있다.

둘째는 '플랫폼 선택'이다. 로보어드바이저는 두 가지 유형으로 대별된다. ① '모델 기반' 로보어드바이저, ② 'AI 기반' 로보어드바이저다. ① 유형은 미리 정해진 모델 포트폴리오를 제공하는 방식이므로, 투자자는 자신의 목표와 위험 허용도에 가장 부합하는 모델을 선택하면 된다. ② 유형은 AI 알고리즘을 활용하여 개인화된 투자 조언을 제공한다. 그러므로 투자자가 입력하는 투자 선호, 위험 허용도, 재무 상태 등을 고려하여 포트폴리오를 추천하는 방식이다. 한편, '비용과 서비스'의 비교도 필요하다. 다양한 로보어드바이저 플랫폼의 최소 투자

금액, 수수료, 투자 방식 등을 비교한 후, 자신의 투자 목표와 스타일에 맞는 것을 선택한다. 플랫폼은 한 개만 선택하기보다는 '분산 투자'의 개념을 활용하는 면에서 복수로 선택하는 것이 좋다.

셋째는 '개인 정보 입력'이다. 미리 설정한 투자자의 목표 범위 내에서, 로보어드바이저 서비스에 투자 목표, 위험 감수 수준, 투자 기간, 자산 규모 등의 정보를 정확하게 입력한다. 로보어드바이저는 투자자가 입력한 정보에 따라서, 그대로 자금을 집행한다. 위의 ② 유형에서 개인 정보 입력은 매우 중요하다.

넷째는 '포트폴리오 관리'다. 로보어드바이저가 제시하는 포트폴리오가 내 투자 목표에 부합하는지 주기적으로 검토하고, 시장 상황 변화에 따라 내 투자 목표에 부합하지 않는 경우라면 부합하는 포트폴리오을 제공하는 플랫폼으로의 이동이 필요하다. .

다섯째는 '손익 관리'다. 사전에 정한 손익 목표를 준수하여, 일정 기간 경과 후 이익 목표가 달성된 경우 이익을 실현하고 이익금을 회수한다. 한편 손실 한도는 미리 설정하고 정해진 손실 한도에 도달한 경우 자동으로 해당 로보어드바이저와의 거래를 종료하도록 사전에 설정하는 것이 필요하다. 그리고 목표 기반 투자인 경우 3

개월에 한 번 정도는 목표 달성 비율을 확인하는 것이 필요하다. 예컨대 5년 뒤에 집을 사기 위한 장기 투자인 경우라도, 3개월마다 수익 상황을 모니터링하는 것이 필요하다.

07
AI와 대체 투자

AI가 대체 투자 시장(Alternative Investment Market)에서 어떻게 활용되는지를 소개한다. 부동산 투자와 AI, 상품(Commodity) 투자와 AI, 헤지펀드 투자와 AI로 구성하였다. 과거 헤지펀드는 거액 자산가들의 전유물로서, 헤지펀드의 수익률이 아무리 높아도 개미 투자자는 진입이 안 되는 영역이었으나, 헤지펀드가 투자에서 AI를 활용하기 시작하면서 진입 장벽이 무너지기 시작했다.

대체 투자는 전통적인 주식이나 채권과는 다른 자산 클래스를 포함하는 투자를 말한다. 이러한 자산 클래스에는 부동산, 기타 실물 자산, 헤지펀드, 프라이빗 에쿼티(PE, Private Equity), 커머디티(Commodity), 리츠(REITs, Real Estate Investment Trusts, 부동산 투자 신탁) 등이 포함된다.

부동산 투자와 AI

부동산 투자에서 AI는 혁신적인 방식으로 부동산 시장을 변화시키고 있다.

첫째, '연구 및 조사 능력'이다. 우선 AI 알고리즘은 방대한 양의 데이터를 분석하여 시장 동향, 부동산 가치, 투자 위험 등을 예측할 수 있다. 한편 기계 학습 모델은 과거 데이터, 경제 지표, 소비자 행동 패턴을 기반으로 동네 가격 변동을 예측할 수 있다는 점에서 기존 인간의 연구 및 조사 능력을 뛰어넘고 있다. 이러한 연구 및 조사 능력을 바탕으로, AI 플랫폼은 투자자가 수익성이 높은 부동산을 식별하고, 잠재적 수익을 분석하며, 포트폴리오를 다양화하는 데 도움을 준다. 금융 분야 연구 조사 업무에서 AI 활용 사례로 유명한 기업이 있다. 2013년 세워진 금융 시장 분석 기업 켄쇼테크놀로지(https://

kensho. com)인데, 이 기업은 2013년 AI 플랫폼 '켄쇼(Kensho)'를 통해 모건캐피탈 애널리스트 15명이 4주에 걸쳐 해야 할 분석을 단 5분 만에 처리하는 능력을 보여주었다. 또 2014년에 이미 시장에 영향을 미치는 9만 개 이상 변수를 실시간 수집하고 6500만 개 이상 질문에 동시 답변할 수 있는 수준까지 도달했다.

둘째, '자동 평가'다. AI 기반 평가 모델은 위치, 규모, 비교 가능한 매출 등의 데이터를 활용하여 즉각적인 부동산 평가를 제공한다. 이러한 모델은 정확도와 속도 측면에서 인간의 기존 방법을 능가한다.

셋째, '가상 부동산 투어'다. AI 기반 가상 투어를 통해 투자자는 원격으로 부동산을 탐색하고 360도 뷰를 경험할 수 있다.

넷째, '24시간 응답'이다. 챗봇과 가상 비서 AI는 투자자의 문의에 대하여 24시간 언제라도 즉각적인 응답을 제공한다.

다섯째, '스마트 계약'이다. AI는 블록체인을 활용한 스마트 계약을 제공할 수 있는데, 투자자의 구매 프로세스를 자동화하여 중개자의 필요성을 줄인다.

여섯째, '유지 관리의 효율성'이다. AI 시스템은 예컨대 건축물의 수리가 필요한 시기를 스스로 예측하여 관리함으로써 유지 관리의 효율성을 제고한다.

커머디티 투자와 AI

'커머디티(Commodity) 투자'는 금, 은, 원유, 천연가스 등과 같은 실물 자산에 투자하는 것을 의미한다. 이를 통해 투자자는 포트폴리오를 더욱 다양화할 수 있다. 상품 투자에서 AI의 장점은 다음과 같다.

첫째, '데이터 분석과 예측 능력'이다. AI는 방대한 양의 상품 시장 데이터를 빠르게 분석하여 향후 가격 변동을 예측하는 능력에서 인간보다 뛰어나다. 따라서 각 상품의 과거 데이터와 현재 시장 동향을 고려하여 효율적인 투자 전략을 수립하는 능력이 인간에 앞선다.

둘째, '자동화된 트레이딩'이다. AI 기반 알고리즘은 원유, 비철금속, 농산물 등 실물 자산의 파생 상품 시장에서 자동으로 거래를 실행하고 수익을 창출한다. 또 대량의 시장 데이터를 실시간으로 분석하여 트렌드와 패턴을 파악하고, 이를 통해 투자에서 인간보다 정교한 결정을 내릴 수 있다.

셋째, '포트폴리오 최적화'다. AI는 다양한 상품 자산을 분석하여 최적의 포트폴리오를 구성하며, 리스크를 최소화하고 수익을 극대화하는 전략을 제시하는 면에서 인간보다 우월한 성과를 내고 있다.

헤지펀드 투자와 AI

과거 헤지펀드는 거액 자산가들의 전유물로 알려져 왔다. 헤지펀드의 수익률이 아무리 높아도 개미 투자자는 진입이 안 되는 영역이었다. 그 이유는 헤지펀드는 일반적으로 높은 최소 투자 금액을 요구하는데, 이 금액은 펀드에 따라 다르지만, 보통 수십만 달러에서 수백만 달러에 달하기 때문이다. 그러나 헤지펀드가 투자에서 AI를 활용하기 시작하면서, 진입 장벽이 무너지기 시작했다.

현재 헤지펀드에서 AI를 활용하는 사례는 많이 있다. 즉, AI와 머신러닝 기술은 데이터 분석, 예측 모델링, 자동화된 거래 전략 등 여러 분야에서 유용하게 사용되고 있다. 몇 가지 구체적인 사례를 소개하자면 다음과 같다.

첫째, '알고리즘 트레이딩'이다. AI를 활용한 알고리즘 트레이딩은 헤지펀드가 가장 많이 사용하는 분야 중 하나다. AI 모델은 시장 데이터를 실시간으로 분석하고 거래 신호를 생성하여 자동으로 매매를 실행할 수 있다. 이러한 시스템은 대량의 데이터를 빠르게 처리하고 인간의 감정적 요소를 배제하여 일관된 거래 결정을 내릴 수 있다.

둘째, '예측 모델링'이다. AI는 주식, 채권, 상품 등 다양한 자산의 가격 변동을 예측하는 데 사용된다. 머신러닝 알고리즘은 과거의 시장 데이터를 분석하여 패턴을 인식하고 미래의 가격 동향을 예측하는 데 도움을 준다.

셋째, '위험 관리'다. AI는 리스크를 관리하는 데도 유용하게 사용된다. 예를 들어, AI 모델은 포트폴리오의 리스크를 평가하고 다양한 시나리오 분석을 통해 잠재적인 손실을 최소화하는 데 도움을 줄 수 있다.

넷째, '자연어 처리(NLP, Natural Language Processing)'다. NLP 기술을 사용하여 뉴스, 소셜 미디어, 재무 보고서 등 비정형 데이터를 분석할 수 있다. 이를 통해 기업의 감정 상태, 시장의 반응 등을 파악하고 투자 결정을 지원하는 데 활용된다. 기업의 감정 상태는 기업이 현재 직면하고 있는 감정적, 심리적, 경영상의 상태를 나타내는 개념이다. 이는 주로 기업의 전반적인 분위기, 경영진의 감정, 직원의 사기, 고객의 반응, 기업의 시장 위치 등과 관련이 있다.

다섯째, '패턴 인식'이다. AI는 시장의 숨겨진 패턴이나 이상 거래를 감지하는 데 사용된다. 이러한 패턴은 인간 분석가가 놓칠 수 있는 미세한 신호를 잡아낼 수 있다. 패턴 인식(Pattern Recognition)은 데이터나 정보에서 의미 있는 패턴이나 구조를 식별하는 과정이다. 이 기술은 인공지능, 머신러닝, 통계학, 컴퓨터 비전 등 다양한 분야에서 사용된다.

헤지펀드들은 AI와 머신러닝 기술을 통해 보다 정교하고 효율적인 투자 전략을 개발하고 있으며, 이러한 기술은 점점 더 많은 헤지펀드에서 핵심적인 역할을 하고 있다.

08
AI 불공정 행위와 대처 방법

불공정 행위의 유형을 소개하고 각각의 대처 방법을 설명한다. 알고리즘 편향성과 대처 방법, AI의 허위 정보 생성과 대처 방법으로 구분하여 소개한다.

AI의 불공정 행위는 중요한 주제다. AI 알고리즘은 편향성을 가지거나 공정하지 않은 결과를 도출할 수 있으며, 이로 인해 투자자에게 손해를 끼칠 수 있다. 이하에서는 AI 불공정 행위의 유형과 대처 방법을 간단히 설명한다.

알고리즘 편향성과 대처 방법

알고리즘 편향성(Bias in Algorithms)은 알고리즘이 특정 집단이나 관점을 불공평하게 다루거나 왜곡된 결정을 내리는 현상을 말한다. 이는 알고리즘이 훈련 데이터에 내재된 편향을 반영했을 때나, 알고리즘의 설계나 실행 과정에서 발생할 수 있다. 알고리즘 편향성은 다양한 분야에서 문제를 일으킬 수 있으며, 사회적, 윤리적, 법적 영향을 미칠 수 있다. 다음은 알고리즘 편향성의 주요 개념과 문제점들이다.

우선 알고리즘 편향성의 주요 개념들은 다음과 같다.

① 훈련 데이터의 편향 : 알고리즘은 주로 훈련 데이터를 기반으로 학습한다. 그러나 훈련 데이터가 특정 집단에 대해 편향되거나 불균형하다면, 알고리즘은 이 편향을 학습하여 결과에도 영향을 미칠 수 있다. 예를 들어 얼굴 인식 시스템이 특정 인종에 대한 데이터가 부족하

다면 그 인종의 얼굴을 제대로 인식하지 못할 수 있다.

② 모델 설계의 편향 : 알고리즘의 설계나 선택된 특징(feature)들이 편향을 유발할 수 있다. 예를 들어 특정 기준이나 변수들이 의도치 않게 불공정한 결과를 초래할 수 있다.

③ 결정의 편향 : 알고리즘이 생성하는 결과나 추천이 특정 집단에게 유리하거나 불리할 수 있다. 이는 특히 공정성이 중요한 분야(예: 신용 대출, 채용 등)에서 큰 문제를 일으킬 수 있다.

④ 사용자 인터랙션의 편향 : 사용자 피드백이나 상호작용 방식이 알고리즘의 성능에 영향을 미칠 수 있다. 예를 들어 추천 시스템이 사용자 피드백을 반영하는 과정에서 특정 집단의 의견이 과도하게 반영될 수 있다.

다음으로 알고리즘 편향성의 문제점들은 다음과 같다.

① 사회적 불평등 : 알고리즘 편향은 사회적 불평등을 심화할 수 있다. 예를 들어, 채용 알고리즘이 성별이나 인종에 대한 편향을 포함하고 있다면, 특정 집단의 사람들은 채용 기회를 공평하게 받을 수 없다.

② 법적 및 윤리적 문제 : 알고리즘 편향은 법적 문제를 일으킬 수 있으며, 특히 차별 금지 법규를 위반할 수 있다. 예를 들어 공정한 대출 심사를 요구하는 법규를 위반할 수 있다.

③ 신뢰 문제 : 알고리즘이 편향된 결정을 내리면 사용자의 신뢰를 상실할 수 있다. 공정성과 투명성이 부족한 시스템은 사용자가 신뢰하지 않게 될 수 있다.

④ 재정적 손실 : 비효율적이거나 불공정한 알고리즘 결정은 기업이나 조직에 재정적 손실을 초래할 수 있다. 예를 들어 부정확한 신용 평가로 인해 대출 상환율이 낮아질 수 있다.

알고리즘 편향성으로 야기되는 문제점들에 대해서는 다음의 조치들이 필요하다.

① 다양한 데이터 사용 : 훈련 데이터가 다양한 집단을 포함하도록 보장하여 데이터의 편향을 최소화할 수 있다. 데이터 수집 과정에서 다양한 인구 통계적 요소를 반영해야 한다.

② 편향 감지 및 수정 : 알고리즘의 결과를 분석하여 편향을 감지하고, 이를 수정하기 위한 방법을 모색해야

한다. 예를 들어 알고리즘의 결과를 다양한 집단에서 테스트하여 불공정한 결과를 수정할 수 있다.

③ 투명성 : 알고리즘의 설계 및 결정 과정을 투명하게 공개하여 사용자가 이해하고 평가할 수 있도록 해야 한다. 알고리즘의 결정 이유를 설명할 수 있는 기능이 필요하다.

④ 윤리적 기준 설정 : 알고리즘 개발과 실행 과정에서 윤리적 기준을 설정하고, 이를 준수하도록 해야 한다. 윤리적인 고려 사항을 포함하여 알고리즘이 공정하게 작동하도록 할 수 있다.

⑤ 주기적인 모니터링 : 알고리즘의 성과와 편향을 주기적으로 모니터링하고, 변화하는 환경에 따라 조정해야 한다.

요컨대 알고리즘 편향성을 관리하고 해결하는 것은 기술적, 사회적, 윤리적 도전 과제를 동반한다. 이를 해결하기 위해 다양한 이해 관계자들이 협력하여 공정하고 투명한 알고리즘 시스템을 구축하는 것이 중요하다.

AI의 허위 정보 생성과 대처 방법

AI는 다양한 기술을 활용하여 콘텐츠를 생성할 수 있으며, 이러한 기술은 때로 허위 정보나 왜곡된 정보 생성에 사용될 수 있다. 대표적인 예로는 GAN(생성적 적대 신경망), NLP(자연어 처리) 모델, 딥페이크 기술 등이 있다.

① GAN(Generative Adversarial Network, 생성적 적대 신경망) : 딥러닝 모델의 일종으로, 두 개의 신경망(생성자와 판별자)이 서로 경쟁하며 학습하는 방식으로 동작한다. 이 모델은 매우 현실감 있는 데이터 생성에 사용된다.

② NLP(Natural Language Processing, 자연어 처리) 모델 : GPT-3와 같은 강력한 NLP 모델은 사실처럼 보이는 텍스트를 생성할 수 있다. 이러한 모델은 사실이 아닌 내용을 사실처럼 서술하거나, 잘못된 정보를 진실처럼 보이게 할 수 있다. GPT-3(Generative Pre-trained Transformer 3)는 오픈(Open)AI가 개발한 NLP 모델로, 자연어의 이해와 생성에서 뛰어난 성능을 보인다.

③ 딥페이크(Deepfake) : AI 기술을 이용해 실제처럼 보이는 가짜 영상이나 이미지를 생성하는 기술이다. 예를 들어 유명인의 얼굴을 다른 사람의 몸에 합성하거나, 실제로는 일어나지 않은 사건을 시뮬레이션하는 영상

등을 만들 수 있다.

AI가 생성하는 허위 정보에 대처하기 위해서는 다음과 같은 조치들이 필요하다.

① 정보 출처 검증 : 정보가 신뢰할 수 있는 출처에서 제공되었는지 확인하는 것이 중요하다. 공식 기관, 신뢰할 수 있는 뉴스 매체, 전문가의 의견 등을 참고하는 것이 필요하다.

② 미디어 리터러시 교육 : 미디어 리터러시는 다양한 미디어로부터 정보를 접근, 분석, 평가, 생성 및 공유할 수 있는 종합적인 능력이다. 즉 개인이 정보의 신뢰성을 평가하고 비판적으로 분석할 수 있는 능력을 키우는 것이 중요하다. 교육 프로그램을 통해 정보의 출처, 작성자의 의도 등을 분석하는 기술의 학습이 필요하다.

③ AI 기술의 검증 : AI로 생성된 콘텐츠의 진위를 검증할 수 있는 도구와 기술이 필요하다. 예를 들어 이미지의 메타데이터를 확인하거나, 딥페이크 탐지 기술을 활용하여 이미지나 비디오의 진위를 확인할 수 있다.

④ 정확한 알고리즘 개발 : AI 시스템의 개발과 운영 과정에서 정확하고 공정한 데이터 사용을 통해 허위 정

보 생성을 방지할 수 있도록 해야 한다. 알고리즘의 설계와 테스트 단계에서 신뢰성을 강화하는 것이 중요하다.

⑤ 법적 ·윤리적 규제 : 허위 정보 생성과 유포를 방지하기 위한 법적 규제와 윤리적 가이드라인을 설정하는 것이 필요하다. 허위 정보를 유포하는 행위에 대한 법적 제재를 강화하고, 윤리적인 책임을 명확히 하는 것이 중요하다.

⑥ 피드백 및 신고 시스템 : 사용자들이 허위 정보나 문제가 있는 콘텐츠를 쉽게 신고할 수 있는 시스템을 구축하는 것이 필요하다. 이를 통해 문제 콘텐츠가 신속히 처리되고, 알고리즘의 개선에 활용될 수 있다.

⑦ 투명성 유지 : AI 기술의 작동 방식과 데이터를 사용하는 방법에 대한 투명성을 유지하고, 사용자들에게 AI가 어떻게 콘텐츠를 생성하는지에 대한 정보를 제공하는 것이 신뢰를 구축하는 데 도움이 된다.

요컨대 AI의 허위 정보 생성 문제는 기술적, 사회적, 윤리적 측면에서 복합적인 문제를 동반한다. 이를 해결하기 위해서는 기술적 조치와 함께 교육, 법적 규제, 윤리적 고려가 통합적으로 적용되어야 한다.

09
AI의 법적 지위 및 각국의 입법 동향

AI의 법적 지위에 관한 기존의 논의 및 각국의 AI 관련 입법 동향에 관하여 살핀다. AI의 법적 지위에 관한 논의는 기술의 발전과 함께 활발히 이루어져 왔다. 이 논의는 주로 AI의 권리, 책임, 법적 주체성에 대한 질문을 다루며, 다양한 법적, 윤리적, 철학적 관점에서 접근하고 있다. 현재 여러 나라와 국제기구에서 AI의 법적 지위와 관련된 논의를 바탕으로 법적 및 제도적 대응을 마련하려는 시도가 이루어지고 있다.

AI의 법적 지위에 관한 기존의 논의

AI의 법적 지위에 관한 논의는 기술의 발전과 함께 활발히 이루어져 왔다. 이 논의는 주로 AI의 권리, 책임, 법적 주체성에 대한 질문을 다루며, 다양한 법적, 윤리적, 철학적 관점에서 접근하고 있다.

첫째, 법적 주체로서의 AI에 관한 논의다. AI의 법적 주체성에 대한 논의는 AI가 법적 권리의 주체가 될 수 있는지를 중심으로 전개되고 있다. 법적 주체로 인정받으려면, AI에게 인간과 동일한 수준의 의사 결정 능력과 도덕적 판단 능력이 요구된다. 그러나 현재 AI는 자율성과 의사 결정의 독립성 면에서 인간과 같은 수준에 이르지 못했기 때문에, AI를 법적 주체로 인정하는 것은 시기상조라는 견해가 지배적이다.

둘째, AI의 자율성과 법적 책임 문제에 관한 논의다. AI의 자율성이 높아지면서 AI가 내린 결정에 따른 법적 책임을 누구에게 묻느냐 하는 문제가 발생한다. 현재 대부분의 법체계에서는 AI의 행위에 대한 책임은 그를 만든 인간, 즉 프로그래머나 AI를 사용하는 개인이나 기업에 귀속된다. 그러나 AI가 점점 더 자율적인 의사 결정을 할 수 있게 되면서, 기존의 책임 구조로는 책임을 묻기에 충분하지 않다는 지적이 나오고 있다. 일부 연구는 인공지능 로봇을 법인처럼 법적 주체로 인정하는 방안을 제시하고 있다.

셋째, AI의 법적 권리에 관한 논의다. 이는 AI에게 법적 권리를 부여할 수 있는지에 대한 논의다. 예를 들어, AI가 창작한 예술 작품이나 문학 작품에 대해 저작권을 인정할 것인지, AI가 소유권을 가질 수 있는지 등의 문제다. 이러한 논의는 주로 AI가 인간과 유사한 수준의 자율성과 창의성을 갖추게 될 경우를 가정하여 이루어진다. 그러나 현재로서는 AI가 이러한 권리를 가지기에는 충분한 자율성을 갖추지 못했다는 의견이 주류를 이루고 있다.

넷째, AI의 지위에 대한 윤리적 고려에 관한 논의다. 즉 AI의 법적 지위에 대한 논의는 법적 문제뿐만 아니라 윤리적 문제도 함께 다룬다. AI가 인간처럼 대우받아야 하는지, 그리고 AI에게 특정한 권리나 책임을 부여하는 것이 윤리적으로 타당한지에 대한 논의다. AI가 인간의 삶에 큰 영향을 미치는 상황에서, AI의 행동이 어떤 윤리적 기준에 따라 규제되어야 하는지에 대한 고민도 포함된다.

각국의 AI 관련 입법 동향

현재 여러 나라와 국제기구에서 AI의 법적 지위와 관련된 논의를 바탕으로 법적 및 제도적 대응을 마련하려는 시도가 이루어지고 있다. 예를 들어, 유럽연합(EU)은 AI 법률 프레임워크를 통해 AI의 투명성, 안전성, 책임성 등을 규제하려고 노력하고 있다.

EU 인공지능법의 주요 내용

첫째, 위험도의 4단계 분류다. EU 인공지능법(EU AI Act)은 AI 시스템을 위험도에 따라 4단계(1단계 : 허용 불가능한 위험, 2단계 : 고위험, 3단계 : 제한적 위험, 4단계 : 최소 위험)로 분류하고, 이 분류에 따라 AI 시스템의 의무 사항을 달리 규정하고 있다.

둘째, 투명성 의무다. 즉, 생성형 AI 시스템 제공자와 배포자에게 투명성 의무를 부여한다. 특히 생성형 AI 시스템은 딥페이크 가능성 때문에 투명성 의무를 부과하는데, 그 내용은 'AI 시스템의 작동 방식과 의사 결정 프로세스에 대한 명확한 설명 의무'와 ' 시스템이 어떻게 학습되었는지, 어떤 데이터를 사용했는지의 공개 의무'로 구성된다[생성형 AI(Generative AI)는 주어진 데이터를 기반으로 새로운 콘텐츠나 정보를 생성할 수 있는 인공지능 기술이다. 이 기술은 사용자의 프롬프트 또는 요청에 따라 텍스트, 이미지, 비디오, 오디오, 또는 소프트웨어 코드와 같은 독창적인 콘텐츠를 생성할 수 있다].

셋째, 벌금을 통한 규제 강화다. EU 인공지능법상 의무 위반 시 벌금이 차등적으로 부과된다. 특히 고위험 기업은 고도의 보안, 투명성, 품질 의무가 요구되며, 위반 시 막대한 벌금(최대 기업 전체 매출의 7퍼센트)이 부과된다.

미국의 AI 규제 입법 동향

미국은 2019년 트럼프 전 대통령이 행정명령 제13859호로 발표한 "미국 인공지능 구상" 이후, 「생성적 적대 신경망 출력물 확인법」과 「국가 인공지능 구상법 2020」을 제정하여 AI 연구 개발과 훈련 지원을 중심으로 한 명문 규정을 마련하였다. 그 밖에 연방정부의 AI 사용에 대하여는 행정명령 제13960호, 「정부인공지능법 2020」, 「조달인력의 인공지능 역량강화법」, 「미국인공지능진흥법」 등의 법령을 두고 있다.

미국에서는 인공지능과 관련하여 다양한 법령과 규정이 존재하며, 최근에는 AI 연구 개발과 훈련 지원을 중심으로 한 명문 규정을 마련하고 있다. 여러 법령 중에서 주목할 만한 두 가지를 소개한다.

첫째, 정부 내 인공지능법 2020(AI in Government Act of 2020)이다. 이 법은 AI 연구 및 개발에 대한 연방 인프라를 구축하고, AI 기술의 안전성과 효율성을 강화하기 위한 목적으로 제정되었다. AI 연구자들은 안전 테스트 결과와 중요한 기술 정보를 제품 출시 전 미국 정부와 사전 공유해야 한다.

둘째, 국가 인공지능 구상법(National Artificial Intelligence Initiative Act of 2020)이다. 이 법의 제정 목적은 ① 인공지능 연구 개발에서 미국의 지도력을 지속적으로 확보할 것, ② 공공 및 민간 부문에서 신뢰할 수 있는 인공지능 시스템의 개발과 사용에서 세계를 주도할 것, ③ 경제와 사회의 모든 부문에 걸쳐 인공지능 시스템의 통합을 위해 현재와 미래의 미국 노동력을 준비할 것, ④ 민간 기관과 국방부 및 정보 협력 기관 간에 진행 중인 인공지능 연구, 개발과 시연 활동을 조정하여 각 기관이 다른 기관의 업무를 알 수 있도록 할 것이다.

기타 국가의 AI 규제 입법 동향

첫째, 대만이다. 대만은 행정원이 국가과학기술위원회(NSTC), 국가방송통신위원회(NCC), 디지털부, 문화부 등과 부처 간 위원회를 구성하여 방송 · 통신 · 광고 등 관련 산업 전반에 걸쳐 AI 관련 규제에 대하여 검토하고 있으며, 2024년 7월에 「인공지능 기본법」 초안(총 18조)을 예고했다. 위원회는 법률안에 개인 정보 보호, 데이터 거버넌스, 윤리 원칙 등을 포함할 것으로 전망된다.

둘째, 러시아다. 러시아에는 AI 분야의 관계를 규정하는 법적 근거나 법률은 없으나 현재 "2024년 AI 기술 및 로봇공학 분야의 규제 개발에 관한 구상"을 공식화하여 시행하고 있다. 이 구상은 신기술의 적극적인 개발, 세계에서 러시아의 선도적인 위치 보장, 국민 안전 보장을 위한 목적성을 가지며 AI 시스템의 이용 시 법적 책임, 정보의 보호, 개발자를 위한 재정 지원과 관련한 내용을 담고 있다.

셋째, 말레이시아다. 말레이시아는 "2021-2025 AI 로드맵(AI-RMAP)"을 발표했다. 이 계획은 인재 개발, 연구 개발, 산업 채택 및 거버넌스라는 네 영역에 초점을 맞춰 말레이시아를 AI 지역 리더로 자리매김하는 것을 목표로 하고 있으며, AI의 책임에 공정성, 안전성, 윤리성 등을 포함했다. 이와 더불어 지난 2023년 6월 과학기술혁신부 장관은 AI 사용 규제를 위한 법적 제도 개발 계획을 발표하였다.

넷째, 영국이다. 영국 과학혁신기술부(DSIT)는 2023년 3월 AI 백서 "AI 규제에 대한 친혁신적 접근(A pro-innovation approach to AI regulation)"을 발표했다. 이 백서에 따르면 영국은 ① 혁신을 억제할 수 있는 강압적인 법안의 도입을 피하고, ② AI 규제에 적용 가능한 접근 방식을 취할 것이며, ③ 새로운 단일 규제 기관을 만들어 전권을 부여하는 대신 기존 관련 기관이 상황별로 맞춤형 접근 방식을 채택한다.

다섯째, 인도네시아다. 인도네시아는 2020년 "2020-2045 인공지능 국가전략(Strategi Nasional Kecerdasan Artifisial Indonesia 2020-2045)"을 발표했다. 이를 통해 인도네시아 기업의 생산성 향상, 인적 자원 활용, 다양한 분야의 혁신 촉진을 목표로 세우고 있다.

여섯째, 싱가포르다. 싱가포르는 현재 AI에 대한 별도의 법률은 없으나, 개인정보보호위원회(PDPC, 정보통신미디어개발청 산하 개인정보보호 감독기구)가 2019년 1월 발표한 "AI 거버넌스 프레임워크(Model AI Governance Framework)"를 통해 '인간 중심적이고 설명 가능하며 투명하고 공정한 의사 결정'이라는 원칙 아래에 민간 부문의 AI 관리 체계, 윤리 및 소비자 보호에 관한 지침을 제시하고 있다.

AI의 법적 지위에 대한 논의는 아직 명확한 결론에 이르지 않았으며, 기술 발전과 함께 지속적으로 진화하고 있다. 또 법적 주체성, 책임, 권리, 윤리적 문제 등이 복합적으로 얽혀 있어, 다양한 관점에서의 깊이 있는 논의가 필요하다. 앞으로 AI가 점점 더 중요한 역할을 하게 될수록 이 논의는 더욱 심화할 것으로 예상된다.

10

AI와 친구 하기

AI를 개인 투자자의 친구로 만들면 투자에 큰 도움을 받을 수 있다. 9단계로 구분하여 그 방법을 소개한다. 본문의 9단계 과정을 순차적으로 실천하면 AI와 로보어드바이저의 도움을 받아 보다 체계적이고 효율적으로 금융 투자와 대체 투자에 접근할 수 있다.

AI와 로보어드바이저를 활용해 금융 투자와 대체 투자 상품에 투자하는 것은 매우 전략적이고 효율적인 방법이다. 특히 개인 투자자로서 AI의 도움을 받으면 보다 정교한 투자 결정을 내릴 수 있다. 아래에 단계별로 구체적인 방법을 설명한다.

1단계 : 로보어드바이저 서비스 선택

로보어드바이저는 AI 기반의 자동화된 투자 관리 서비스를 제공한다. 이 서비스는 고객의 투자 목표, 위험 성향, 투자 기간 등을 바탕으로 맞춤형 포트폴리오를 구성해 준다.

우선 '국내 서비스'를 살펴보면, 카카오페이(Kakao Pay), 토스(Toss), 삼성자산운용 등 여러 금융기관에서 로보어드바이저 서비스를 제공한다.(상세한 내용은 '06 로보어드바이저와 AI'를 참고하여 보충하기 바란다.)

다음으로 '국외 서비스'를 살펴보면, 국제적으로는 베터먼트(Betterment), 웰스프론트(Wealthfront), 슈와브 인텔리전트 포트폴리오(Schwab Intelligent Portfolios)와 같은 플랫폼이 유명하다.

국내외 각 서비스의 수수료, 제공 기능, 투자 철학 등을 비교하고 자신에게 맞는 서비스를 선택하면 된다.

2단계 : 투자 목표 및 위험 성향 설정

로보어드바이저를 사용할 때, 가장 먼저 해야 할 일은, 자신의 투자 목표(예: 은퇴 자금, 주택 구입 자금 등)와 위험 감수 성향(보수적, 중립적, 공격적)을 설정하는 것이다. 각 투자자가 제공한 이 정보들을 토대로 로보어드바이저가 해당 투자자에게 적합한 포트폴리오를 제안하는 것이다.

3단계 : 포트폴리오 구성

로보어드바이저는 일반적으로 주식, 채권, 상장지수펀드(ETF), 부동산 리츠(REITs) 등을 포함한 다양한 자산에 분산 투자한다. 이때 AI는 시장의 변동성을 실시간으로 모니터링하고, 필요에 따라 포트폴리오를 재조정하여 위험을 관리하고 수익을 극대화한다. 투자 금액과 투자 기간에 따라, 로보어드바이저가 자동으로 자산 배분 전략을 세우고, 이에 따라 투자하게 된다.

로보어드바이저를 사용해 포트폴리오를 구성할 때, 투자자로서 준비해야 할 일은 다음의 여섯 가지로 설명된다.

구체적 투자 목표 설정

구체적 투자 목표 설정 단계에서는 우선 단기, 중기, 장기 목표의 설정이 필요하다. 즉 각자가 투자를 통해 달성하고자 하는 기간별 목표가 무엇인지를 명확히 설정한다. 예를 들어 1년 이내의 단기 목표(여행 자금 마련), 3~5년의 중기 목표(집 마련), 10년 이상의 장기 목표(은퇴 자금) 등으로 구분할 수 있다.

구체적 투자 목표 설정 단계에서 두 번째는 목표 금액과 투자 기간의 설정이다. 즉 각 목표에 필요한 금액과 그 목표를 이루기 위한 투자 기간을 구체적으로 설정한다. 이 정보는 로보어드바이저가 적절한 자산 배분 전략을 수립하는 데 중요한 역할을 한다.

위험 성향 파악

위험 성향 파악이란 기본적으로 투자자 스스로의 위험 감수 능력을 파악하는 것이다. 투자자 자신이 감수할 수 있는 위험의 수준을 사전적으로 이해하는 것은 매우 중요하다. 왜냐하면, 투자자의 위험 성향에 따라서 공격적인 포트폴리오(고위험, 고수익)나 보수적인 포트폴리오(저위험, 저수익)가 결정되기 때문이다.

위험 성향 파악은 시장 변동성에 대한 반응을 포함한

다. 투자자 스스로가 시장이 하락할 때 얼마나 견딜 수 있는지, 또는 수익이 예상보다 낮아질 때 어떠한 대응을 원하는지 스스로 파악하는 것이 필요하다.

요컨대 위험 성향 파악을 통해 로보어드바이저가 제시하는 투자 전략이 자신의 성향과 맞는지를 확인할 수 있다.

기본적인 금융 이해

기본적인 금융 이해의 첫째는 '자산 클래스'의 이해다. 즉, 주식, 채권, ETF, 부동산 리츠(REITs) 등 다양한 자산 클래스에 대한 기본적인 이해가 필요하다. 이는 로보어드바이저가 구성한 포트폴리오가 어떻게 작동하는지 이해하는 데 큰 도움이 된다.

기본적인 금융 이해의 둘째는 '분산 투자 원칙'이다. 즉 투자자는 포트폴리오에서 분산 투자가 왜 중요한지, 그리고 자산 배분이 어떻게 리스크를 줄이는지 이해해야 한다. 로보어드바이저는 분산 투자를 기반으로 포트폴리오를 구성하기 때문에, 이에 대한 이해는 필수다.

기본적인 금융 이해의 셋째는 '수수료와 비용 구조'다. 즉 로보어드바이저 서비스와 투자 상품에 대한 수수료 및 비용 구조를 이해해야 한다. 이는 최종 수익률에 직접

적인 영향을 미치는 것이기 때문이다.

지속적인 모니터링 및 리밸런싱 준비

우선 로보어드바이저가 설계한 각 포트폴리오 성과에 대한 투자자의 '지속적인 모니터링'이 필요하다. 로보어드바이저가 자동으로 포트폴리오를 관리해 주지만, 각 투자자는 주기적으로 성과를 확인하고 자신의 위험 성향상 감수 범위를 벗어나는 경우, 스스로 허용되는 대응 조치를 취하는 것이 중요하다.

둘째는 '리밸런싱' 전략에 대한 이해다. 일반적으로 로보어드바이저는 시장 상황의 변화에 따라 포트폴리오를 자동으로 리밸런싱한다. 그러므로 투자자는 리밸런싱이 무엇이고, 어떻게 작동하는지 이해하면, 포트폴리오 변동에 더 잘 대응할 수 있다. 포트폴리오 리밸런싱은 투자 포트폴리오 안의 자산들의 비중을 조정하는 과정을 의미한다. 즉 많이 오른 자산은 일부 수익을 실현하고 하락한 자산은 다시 낮은 가격에 매입하여 처음에 의도한 대로 포트폴리오를 관리하는 일련의 과정이다. 리밸런싱의 주목적은 수익률의 극대화보다는 포트폴리오 리스크를 관리하는 것이다. 특히 급격한 시장 변동이 있을 때, 리밸런싱은 포트폴리오의 자산 비중을 다시 조정하여 원래의 목표 자산 배분 비율로 되돌리는 역할을 한다. 리밸런싱은 투자자의 투자 목표와 리스크 허용도에 따라 주기적으로 실행된다.

셋째는 '목표와 상황 변화에 따른 조정'이다. 즉 투자자의 투자 목표나 개인적인 재정 상황이 변화하면 로보어드바이저 설정을 업데이트해야 한다. 투자자의 상황 변화의 예를 들자면, 결혼, 자녀 교육비 준비, 은퇴 시기 변경 등이다.

심리적 준비

심리적 준비의 첫째는 '시장 변동성에 대한 인내심'이다. 일반적으로 시장은 변동성이 있으며, 일시적인 하락은 투자 과정에서 불가피하다. 로보어드바이저의 장기 전략을 신뢰하고 단기적인 시장 변화에 과민 반응하지 않도록 하는 심리적 준비가 필요하다.

심리적 준비의 둘째는 '자동화에 대한 신뢰'다. 로보어드바이저는 데이터를 기반으로 투자 자동화된 결정을 내리므로, 과도한 개입을 피하고 로보어드바이저의 추천을 신뢰하는 심리적 준비도 매우 중요하다.

개인 재정 점검

투자자 개인 재정 점검 첫째는 '재정 상황 분석'이다. 투자자 각자의 현재의 수입, 지출, 저축 및 부채 상황을 점검하여 얼마를 투자할 수 있는지 파악하고, 이를 통해 로보어드바이저에 투입할 초기 투자 금액을 설정한다.

투자자 개인 재정 점검 둘째는 '긴급 자금 확보'다. 즉 각 투자자는 예상치 못한 상황에 대비할 수 있는 비상 자금을 따로 반드시 확보한 후, 나머지 자금을 투자에 사용할 수 있도록 준비하는 것이 필요하다.

위 여섯 가지의 준비 과정을 충실히 수행하면, 로보어드바이저가 투자자의 재정적 목표를 더욱 효과적으로 달성할 수 있도록 돕는 데 큰 역할을 할 것으로 기대된다.

4단계 : 대체 투자 상품 탐색

대체 투자는 전통적인 주식이나 채권 외의 자산에 투자하는 것으로, 부동산, 사모펀드(PEF), 헤지펀드, 상품(commodity, 원자재), 암호 화폐 등이 포함된다. AI 기반 플랫폼 중 일부는 대체 투자 상품에 대한 정보 제공 및 직접 투자를 지원한다.

예를 들어, 국외에는 크라우드 스트리트(Crowd Street,

부동산 투자)(https://www.crowdstreet.com), 일드스트리드(Yield Street, 대체 투자 상품)(https://www.yieldstreet.com) 같은 서비스들이 있다.

국내에서도 대체 투자 ETF나 신탁 상품을 통해 대체 투자에 접근할 수 있다. AI를 활용해 시장 분석과 상품 선택을 돕는 플랫폼은 다음과 같다.

카카오페이 자산 관리

카카오페이는 다양한 자산 관리 서비스를 제공하며, 그 중에는 ETF를 포함한 다양한 투자 상품에 대한 분석과 투자 추천 기능이 있다. 이는 AI 기반의 분석 엔진을 통해 사용자의 투자 성향에 맞는 상품을 추천하고, 시장 상황을 반영한 포트폴리오를 제안한다.

한편 카카오페이를 통하여 각종 대체 투자 상품에 포트폴리오를 구축할 수 있다. 즉 국내외 리츠(REITs), 원자재 관련 ETF, 인프라 관련 ETF 등 다양한 대체 투자 상품에 접근할 수 있다.

삼성증권 팝

삼성증권의 팝(POP)은 AI를 활용한 시장 분석과 투자 전략 추천 기능을 제공한다. 특히 다양한 ETF와 펀드를 포함한 상품을 분석하고 추천해 준다.

한편 삼성증권의 팝은 대체 투자 접근도 가능하다. 즉 글로벌 리츠, 인프라 펀드, 원자재 ETF 등 대체 투자 상품에 대한 접근이 가능하며, AI 기반의 투자 분석과 맞춤형 포트폴리오 구성이 가능하다.

KB증권 마블

KB증권의 마블 플랫폼은 AI 기반의 맞춤형 자산 관리 서비스를 제공한다. 사용자 프로파일링을 통해 개인 맞춤형 포트폴리오를 제시하며, 다양한 ETF와 펀드를 관리할 수 있다.

KB증권의 마블 플랫폼 또한 대체 투자 접근이 가능하다. 즉 원자재, 부동산 리츠, 대체 자산 펀드 등 다양한 대체 투자 상품에 대한 분석과 투자 전략을 제공받을 수 있다.

이들 플랫폼을 통해 대체 투자 상품에 접근하는 것은, 보다 전문적이고 전략적인 투자 결정을 내릴 수 있도록 도와준다. 각 플랫폼은 AI를 활용해 투자 성향 분석, 시장 상황 모니터링, 상품 추천 등의 기능을 제공하므로, 자신에게 가장 적합한 플랫폼을 선택해 활용하는 것이 중요하다.

5단계 : 정기적인 포트폴리오 점검 및 리밸런싱

로보어드바이저는 일반적으로 자동으로 포트폴리오를 리밸런싱해 준다. 그러나 정기적으로 자신의 투자 현황을 본인이 직접 점검하는 것이 중요하다. AI 기반의 포트폴리오 모니터링 도구를 사용해 수익률, 리스크 등을 분석하고, 필요할 때마다 전략을 조정한다.

6단계 : 교육 및 학습

AI가 모든 것을 처리해 주더라도 기본적인 금융 지식을 갖추는 것은 매우 중요하다. 이를 통해 AI가 제공하는 정보를 더 잘 이해하고, 필요할 때는 직접 결정을 내릴 수 있다. 금융 관련 온라인 강의, 책을 통해, 그리고 투자 커뮤니티에서 활발히 활동하며 지속적으로 학습하는 것이 필요하다.

7단계 : 감정적 투자 방지

AI의 큰 장점 중 하나는 감정에 휘둘리지 않고 데이터를 기반으로 결정을 내린다는 점이다. 따라서 AI의 추천에 의존하면 감정적 투자를 줄일 수 있다. 장기적인 투자 목표를 설정하고, 시장의 단기 변동성에 흔들리지 않도록 AI의 분석을 신뢰하는 것이 필요하다.

8단계 : 규제와 법적 요건 준수

특히 대체 투자 상품에 투자할 때는 규제와 법적 요건을 잘 이해하고 준수해야 한다. AI 플랫폼은 이를 도와줄 수 있지만 최종적인 책임은 투자자 본인에게 있으므로 주의가 필요하다.

9단계 : 플랫폼 통합 및 데이터 활용

여러 로보어드바이저 플랫폼을 사용하거나, 여러 자산군에 분산 투자할 때, 이들을 통합 관리하는 툴이나 서비스를 사용하는 것이 유리하다. 예컨대 '데이터 기반 AI 툴'을 사용해 모든 투자 현황을 종합적으로 분석할 수 있다. 데이터 기반의 AI 툴은 예컨대 줄리어스 AI(Julius AI)(https://julius.ai), 데이터랩(DataLab)(https://datalab.tools), 마이크로소프트 파워 BI(Microsoft Power BI)(https://app.powerbi.com) 등이 대표적이다.

위 아홉 단계의 과정을 통해 AI와 로보어드바이저의 도움을 받아 보다 체계적이고 효율적으로 금융 투자와 대체 투자에 접근할 수 있다. 사전에 충분한 정보를 수집하고, 자신의 투자 성향과 목표에 맞는 전략을 수립하는 것이 무엇보다 중요하다. 열 개 장을 통하여 소개한 정보가 독자들의 성공적 투자에 도움이 되기를 희망한다.

박선종

숭실대학교 법학과 교수다. 고려대학교 법학과에서 금융법과 민법으로 석사 및 박사학위를 받고 금융법연구센터에서 상임연구위원으로 재직했다(2002~2016). 숭실대학교 법학과 교수로 임용된 후 법학연구소 금융법연구센터장을 맡고 있다(2017~현재). 금융위원회 자체규제 심사위원을 역임했다(2018~2023). 'EBN산업경제' 칼럼니스트로서 2021년 11월 이후 현재까지 약 30편의 칼럼을 기고했다. 또한, 빚에 허덕이는 서민을 돕는 아름다운 시민단체 '롤링주빌리'(공익은행, https://www.jubileebank.kr)의 이사 및 이사장(2023년 선임)으로 활동하고 있다(2018~현재).